总 目 次

ICS 03.220.20;35.240.15
R 85
备案号:

中华人民共和国交通运输行业标准

JT/T 1059.1—2016

交通一卡通移动支付技术规范 第1部分:总则

Technical specification for mobile payment of transport card—Part1:General provisions

2016-04-08 发布 2016-07-01 实施

中华人民共和国交通运输部 发布

目　次

前　言

JT/T 1059《交通一卡通移动支付技术规范》分为 8 个部分：

——第 1 部分：总则；

——第 2 部分：安全单元；

——第 3 部分：近场支付；

——第 4 部分：远程支付；

——第 5 部分：客户端软件；

——第 6 部分：可信服务管理系统；

——第 7 部分：终端设备；

——第 8 部分：检测项目。

本部分为 JT/T 1059 的第 1 部分。

本部分按照 GB/T 1.1—2009 给出的规则起草。

本部分由交通运输部运输服务司提出。

本部分由交通运输信息通信及导航标准化技术委员会归口。

本部分起草单位：中国交通通信信息中心、北京中交金卡科技有限公司、江苏公共交通一卡通有限公司、北京市政交通一卡通有限公司、南京市市民卡有限公司、长春市轨道交通集团有限公司、交通运输部科学研究院、交通运输部公路科学研究院。

本部分主要起草人：林榕、汪宏宇、李岚、王一路、康雪、沈伟彬、陈文革、肖震宇、张必成、曹国利、刘好德、李斌。

交通一卡通移动支付技术规范
第1部分:总则

1 范围

JT/T 1059 的本部分规定了交通一卡通移动支付系统的组成与功能及总体技术要求。

本部分适用于交通一卡通移动支付系统各参与方平台系统的规划与建设。

2 规范性引用文件

下列文件对于本文件的应用是必不可少的。凡是注日期的引用文件,仅注日期的版本适用于本文件。凡是不注日期的引用文件,其最新版本(包括所有的修改单)适用于本文件。

JT/T 978.1 城市公共交通 IC 卡技术规范 第1部分:总则

JT/T 978.2 城市公共交通 IC 卡技术规范 第2部分:卡片

JT/T 978.3 城市公共交通 IC 卡技术规范 第3部分:读写终端

JT/T 978.5 城市公共交通 IC 卡技术规范 第5部分:非接触接口通信

JT/T 1059.2 交通一卡通移动支付技术规范 第2部分:安全单元

JT/T 1059.3 交通一卡通移动支付技术规范 第3部分:近场支付

JT/T 1059.4 交通一卡通移动支付技术规范 第4部分:远程支付

JT/T 1059.5 交通一卡通移动支付技术规范 第5部分:客户端软件

JT/T 1059.6 交通一卡通移动支付技术规范 第6部分:可信服务管理系统

JT/T 1059.7 交通一卡通移动支付技术规范 第7部分:终端设备

JT/T 1059.8 交通一卡通移动支付技术规范 第8部分:检测项目

3 术语和定义

JT/T 978.1 界定的以及下列术语和定义适用于本文件。为了便于使用,以下重复列出了 JT/T 978.1 中的部分术语和定义。

3.1

交通一卡通 transport card

用于各种公共交通方式小额支付的集成电路卡。

3.2

移动支付 mobile payment

用户使用移动支付终端对所消费的服务进行账务支付的一种方式,主要分为近场支付和远程支付两种。

3.3

移动支付终端 mobile payment terminal

具有交通一卡通移动支付应用及移动通信能力的终端设备。

3.4

近场支付　proximity payment

移动支付终端通过非接触式终端设备在本地或接入收单网络完成支付过程的支付方式。

3.5

远程支付　remote payment

使用移动支付终端通过无线通信网络，与后台服务器之间进行交互，由服务器端完成交易处理的支付方式。

3.6

终端设备　terminal

为交通一卡通移动支付业务提供受理环境的设备。

3.7

收单网络　acquiring network

从事交通一卡通移动支付收单业务的市场主体提供线上和线下实现收单的网络渠道。

3.8

支付内容平台　payment content platform

为用户提供订购商品或服务选择的平台。

3.9

账户管理系统　account management system

实现交通一卡通用户账户体系整体管理功能的业务信息系统，包括账户开户、更改和销户及资金的管理等业务功能。

3.10

后台账户　background account

用户在申请交通一卡通移动支付应用服务时在账户管理系统建立的对应记录，包括用户个人身份信息及资金信息。

3.11

余额　balance

交通一卡通用户从后台账户圈存到电子钱包或电子现金中，用于移动支付消费的可支付金额。

3.12

安全单元　secure element

负责对具有安全认证的交易关键数据的安全存储和运算，且支持多应用管理及运行安全的移动支付安全载体。

3.13

安全载体　secure media

承载安全单元的介质。

3.14

安全域　security domain

负责对某个安全单元外实体（如安全单元发行方、应用提供方、授权管理者）的管理、安全、通信需求进行支持的安全单元内实体。

3.15

应用　application

在安全单元上安装后处于可选择状态的可执行模块的实例。

3.16

应用提供方 application provider

提供支付应用的主体。

3.17

安全单元发行方 secure element issuer

为用户提供安全单元发行服务的主体。

3.18

可信服务管理 trusted service management

由可信第三方提供的安全载体生命周期管理、应用生命周期管理和应用管理等服务。

3.19

安全单元应用管理终端 secure element application manage terminal

与可信服务管理平台连接的专用于管理客户端安全单元应用的终端。

注:安全单元应用管理终端在硬件上可以是销售终端、自助终端或其他类型设备形态,一般布放在特定的场合,提供用户对客户端安全单元应用进行个人化、下载、查询及同步等功能。

3.20

交通一卡通公共服务 transport mobile trustable public service

交通一卡通移动支付参与各方认可的可信第三方系统,提供机构注册、应用注册、跨机构交互转接、安全单元可信管理、安全单元开放共享及应用共享等功能。

3.21

安全单元发行方可信服务管理 secure element issuer trusted service management

为安全单元发行方提供的承载安全单元生命周期管理服务的可信服务管理。

3.22

应用提供方可信服务管理 service provider trusted service management

为用户提供的承载应用生命周期管理服务的可信服务管理。

3.23

圈存 load

增加城市公共交通 IC 卡中电子现金和电子钱包共用余额的过程。

[JT/T 978.1—2015,定义 2.11]

3.24

圈提 unload

提取城市公共交通 IC 卡中电子现金和电子钱包共用余额的过程。

[JT/T 978.1—2015,定义 2.12]

4 缩略语

SE——安全单元(Secure Element)

SEI-TSM——安全单元发行方可信服务管理(SE Issuer Trusted Service Management)

SP-TSM——应用提供方可信服务管理(Service Provider Trusted Service Management)

SWP——单线协议(Single Wire Protocol)

T-MTPS——交通一卡通公共服务(Transport Mobile Trustable Public Service)

TSD——交通一卡通辅助安全域(Transport Security Domain)

TSM——可信服务管理(Trusted Service Management)

(U)SIM——(通用)用户身份识别模块(Universal)(Subscriber Identity Module)

5 系统组成和功能

5.1 系统组成

5.1.1 交通一卡通移动支付系统由SE、TSM系统、客户端软件组成,安全和检测作为支撑体系保障系统安全、正常运作,交通一卡通移动支付系统框架如图1所示。

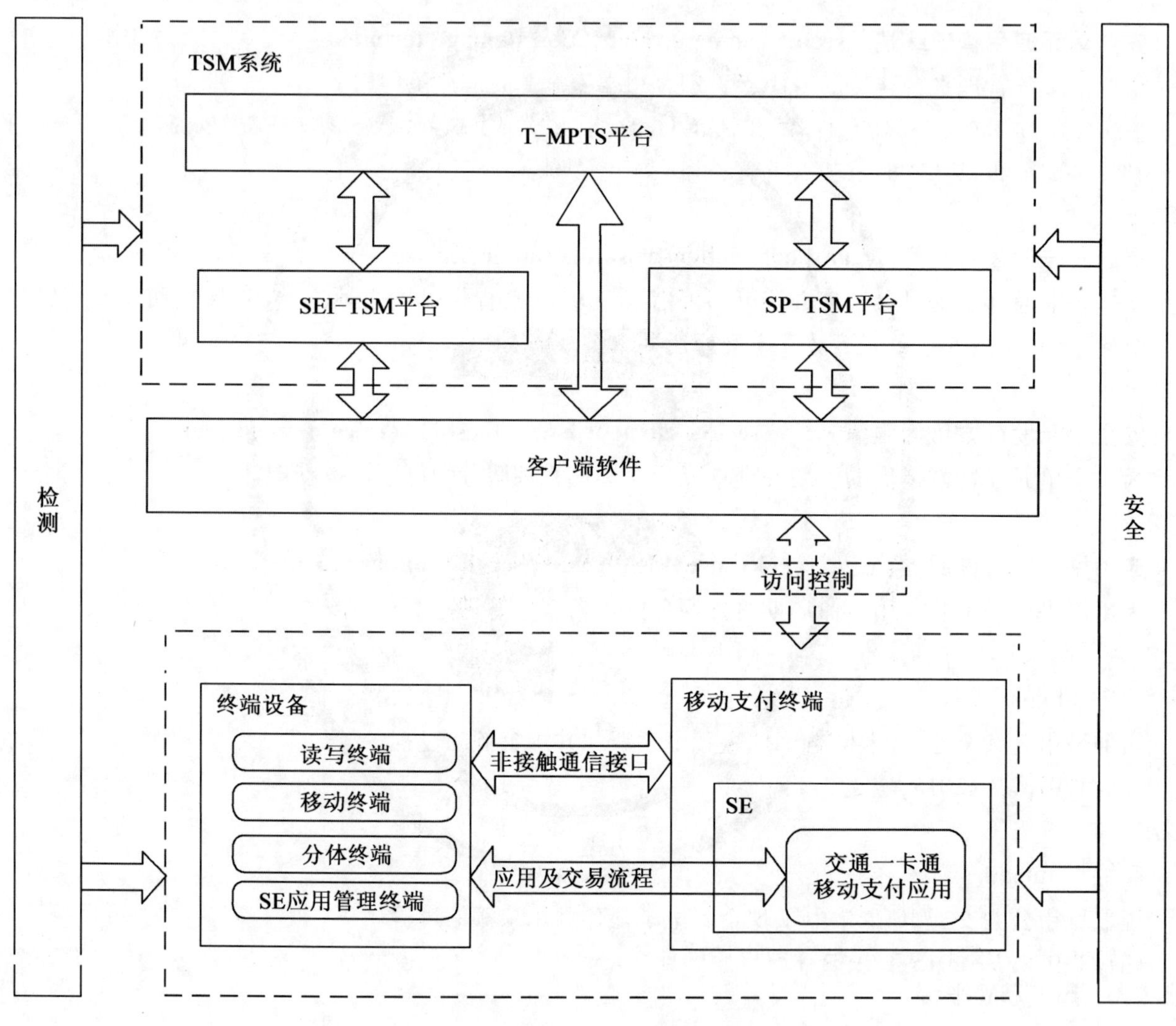

图1 系统框架

5.1.2 交通一卡通移动支付系统应以SE为载体,客户端软件为用户入口,依靠安全、可靠的网络,通过交通一卡通移动支付系统间统一的数据接口,实现空中发卡、空中圈存、消费等功能。

5.1.3 交通一卡通移动支付应用场景包括近场支付和远程支付,其应用场景如图2所示,其中近场支付中各部分的功能及流程见JT/T 1059.3,远程支付中各部分的功能及流程见JT/T 1059.4。

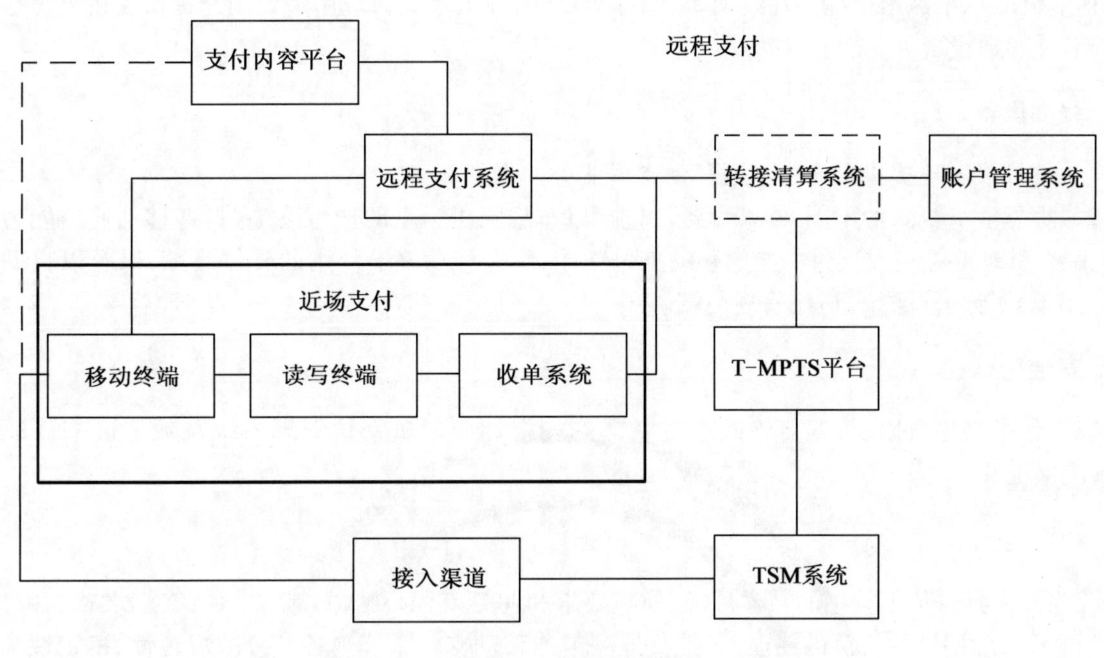

图2　应用场景

5.2　系统功能

5.2.1　SE

SE 承载于 SWP(U)SIM 卡、全终端、外置式 SE 和双界面(U)SIM 卡中,负责存储密钥、证书等机密信息,进行密码计算,为移动支付各参与方提供 SE 信息及其持有人的实名身份信息,为应用提供方提供 TSD 管理、交通一卡通移动支付应用下载授权等功能,配合 T-MPTS 平台、应用提供方 TSM 平台及 SE 提供方 TSM 平台实现相关服务。

5.2.2　TSM 系统

5.2.2.1　一般要求

TSM 系统由 T-MPTS 平台、SEI-TSM 平台和 SP-TSM 平台组成。T-MPTS 平台应通过路由转接的通信方式、信息验证的安全体系,实现为 SEI-TSM 平台和 SP-TSM 平台间交易数据的安全传输提供可靠的信息通信渠道。

5.2.2.2　T-MTPS 平台

T-MTPS 平台应提供跨系统交互路由、应用共享、SE 可信及开放共享服务,实现跨系统间的交易数据、用户数据、应用数据等信息数据的传递。

5.2.2.3　SEI-TSM 平台

SEI-TSM 平台应提供 SE 载体管理与多应用管理,包括 SE 的生命周期管理、应用提供方管理、辅助安全域的生命周期管理、应用存储与发布、应用管理授权、应用生命周期管理。

5.2.2.4　SP-TSM 平台

SP-TSM 平台应提供对本机构自有应用进行管理的服务,确保自有应用能进行空中下载、空中圈存等功能需求。

5.2.3　客户端软件

客户端软件应连接手机终端与交通一卡通移动支付系统各参与方 TSM 的后台,以图文界面展示方式在远程支付应用中为用户提供在线消费、圈存等功能,在近场支付应用中为用户提供脱机支付账户余额查询、卡片参数设置等功能。

5.2.4 终端设备

5.2.4.1 终端设备应提供交通一卡通移动支付业务的受理环境。

5.2.4.2 根据业务场景的不同,终端设备可包括以车载闸机为主的读写终端、具备移动通信能力的移动终端、配合移动终端完成支付功能的移动支付终端、配合移动终端使用的分体终端,以及以自助式实现 SE 应用下载等功能的 SE 应用管理终端。

5.2.5 安全

系统中各种交易数据、数据传输及系统整体的安全性应通过密钥管理系统及数字证书认证中心(CA)系统保证。

5.2.6 检测

系统检测应具备依据统一的技术标准、质量要求和业务流程,对 T-MPTS 平台、终端设备、客户端软件及 SE 嵌入式应用进行检测的功能,确保交通一卡通移动支付系统内各部分的规范性、稳定性和可靠性,以及入网各方技术环境的一致性和兼容性。

6 总体技术要求

6.1 SE

SE 的架构、应用功能、基本命令、通信要求及密钥要求等,应符合 JT/T 1059.2 的规定。SE 中承载的交通一卡通移动支付应用的实现方式应符合 JT/T 978.2 的规定。

6.2 TSM 系统

6.2.1 TSM 系统应兼顾移动支付在多种交通方式间的业务差异,实现用户对应用客户端下载、读写终端刷卡交易、近场支付及远程支付中各类交易流程的统一化和规范化。

6.2.2 TSM 系统应采用符合国际、国内通用标准的通信接口与信息接口,保障与相关系统的互联互通,以及相关交易信息的交换,为空中发卡、空中圈存等业务提供技术支持,为系统接入的应用发行方清分与结算提供有效数据支撑,保证系统的先进性、运行的稳定性及未来行业发展的可扩展性。

6.2.3 TSM 系统的技术要求应符合 JT/T 1059.6 的规定。

6.3 客户端软件

6.3.1 客户端软件作为连接手机等移动终端与交通一卡通移动支付系统各参与方 TSM 的后台服务软件,应满足 T-MTPS 平台与 SEI-TSM 平台和 SP-TSM 平台间涉及的应用功能、安全要求及管理要求,并制定统一的技术要求。

6.3.2 客户端软件技术要求应符合 JT/T 1059.5 的规定。

6.4 终端设备

6.4.1 终端设备应按其应用场景划分类型,各类型终端设备的技术要求应符合 JT/T 1059.7 的规定。

6.4.2 终端设备与移动支付终端配合实现交通一卡通移动支付刷卡消费时采用的非接触通信接口应符合 JT/T 978.5 的规定,与移动支付终端间的交易流程应符合 JT/T 978.3 的规定。

6.5 安全

交通一卡通移动支付系统应采用对称密钥和非对称密钥相结合的方式，通过密钥的安全机制和加密算法，保证卡片金额、终端近场支付交易数据和远程支付交易数据的传输及系统整体的安全性。

6.6 检测

交通一卡通移动支付系统的检测项目应符合 JT/T 1059.8 的规定。

ICS 03.220.20;35.240.15
R 85
备案号:

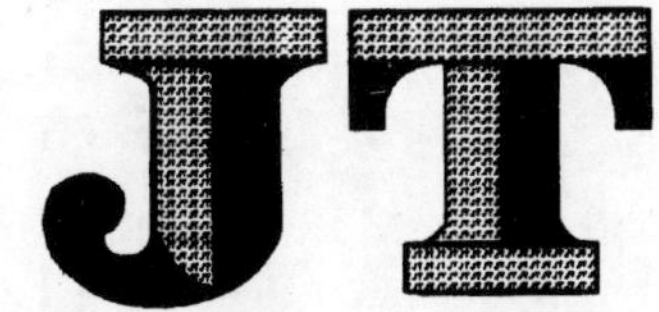

中华人民共和国交通运输行业标准

JT/T 1059.2—2016

交通一卡通移动支付技术规范 第2部分:安全单元

Technical specification for mobile payment of transport card— Part2:Secure element

2016-04-08 发布

2016-07-01 实施

中华人民共和国交通运输部 发布

目　次

前　言

JT/T 1059《交通一卡通移动支付技术规范》分为8个部分：

——第1部分：总则；

——第2部分：安全单元；

——第3部分：近场支付；

——第4部分：远程支付；

——第5部分：客户端软件；

——第6部分：可信服务管理系统；

——第7部分：终端设备；

——第8部分：检测项目。

本部分为JT/T 1059的第2部分。

本部分按照GB/T 1.1—2009给出的规则起草。

本部分由交通运输部运输服务司提出。

本部分由交通运输信息通信及导航标准化技术委员会归口。

本部分起草单位：中国交通通信信息中心、北京中交金卡科技有限公司、北京市政交通一卡通有限公司、南京市市民卡有限公司、恩智浦（中国）管理有限公司、北京握奇数据系统有限公司、北京雷森科技发展有限公司、北京中广瑞波科技股份有限公司、深圳市雪球科技有限公司、北京中电华大电子设计有限责任公司、大唐微电子技术有限公司。

本部分主要起草人：汪宏宇、康雪、王一路、邢钊、惠思涌、曾正喜、王慧、谢火明、臧宏伟、连莉华、冀鹏昀、朱旭东、李川川、王晓燕、程跃、张志红。

交通一卡通移动支付技术规范
第2部分:安全单元

1 范围

JT/T 1059 的本部分规定了交通一卡通移动支付安全单元类型、多应用管理、多应用架构、支付账户介质识别码、交通一卡通身份认证应用、安全单元基本命令、密钥要求、安全通信、应用个人化服务以及安全单元应用选择服务。

本部分适用于交通一卡通移动支付系统涉及的承载安全单元载体的设计、生产以及相关应用系统的研发、集成和维护管理。

2 规范性引用文件

下列文件对于本文件的应用是必不可少的。凡是注日期的引用文件,仅注日期的版本适用于本文件。凡是不注日期的引用文件,其最新版本(包括所有的修改单)适用于本文件。

GB/T 16649.1 识别卡 带触点的集成电路卡 第1部分:物理特性

GB/T 16649.3 识别卡 带触点的集成电路卡 第3部分:电信号和传输协议

GB/T 16649.4 识别卡 带触点的集成电路卡 第4部分:行业间交换用命令

JT/T 978 (所有部分) 城市公共交通 IC 卡技术规范

JT/T 978.2 城市公共交通 IC 卡技术规范 第2部分:卡片

JT/T 978.5 城市公共交通 IC 卡技术规范 第5部分:非接触接口通信

JT/T 978.6 城市公共交通 IC 卡技术规范 第6部分:安全

JT/T 1059.1 交通一卡通移动支付技术规范 第1部分:总则

ETSI TS 102 613 智能卡 UICC—非接触前端(CLF)接口 第1部分:物理层和数据链路层特性[Smart Cards;UICC-Contactless Front-end (CLF) Interface;Part 1:Physical and data link layer characteristics]

ETSI TS 102 622 智能卡 UICC—非接触前端(CLF)接口 主机控制器接口(HCI)[Smart Cards;UICC-Contactless Front-end(CLF)Interface;Host Controller Interface(HCI)]

3 术语和定义

JT/T 978 和 JT/T 1059.1 界定的及下列术语和定义适用于本文件。

3.1

主安全域 issuer security domain

安全单元中负责对安全单元管理者(通常是安全单元发行方)的管理、安全、通信等功能需求进行支持的首要实体。

3.2

辅助安全域 supplementary security domain

除主安全域之外的其他安全域。

3.3

支付账户介质识别码　payment account media identifier

唯一标识支付账户介质的代码。

3.4

非接触前端　contactless front-end

通过近场非接触接口实现通信功能的控制模块。

3.5

可穿戴设备　wearable device

可直接穿戴在身上,或可整合到服装或配件上的一种能通过软件实现数据交互功能的便携式设备。

3.6

可执行装载文件　executable load file

实际存在于卡片上的包含一个或多个应用的可执行代码(可执行模块)的容器,它既可以驻留在只读内存中,也可以作为加载文件数据块的映像在可变内存中生成。

3.7

可执行模块　executable module

可执行装载文件中包含的一个单独应用的可执行代码。

4　缩略语

下列缩略语适用于本文件。

AMSD——授权管理权限安全域(Security Domain with Authorized Management Privilege)

APDU——应用协议数据单元(Application Protocol Data Unit)

API——应用编程接口(Application Programming Interface)

CLF——非接触前端(Contactless front-end)

COS——片内操作系统(Chip Operating System)

DAP——数据认证模式(Data Authentication Pattern)

DEK——数据加密密钥(Data Encryption Key)

DMSD——委托管理权限安全域(Security Domain with Delegated Management Privilege)

FASD——最终应用权限安全域(Security Domain with Final Application Privilege)

FCI——文件控制信息(File Control Information)

I2C——两线式总线接口(Inter - Integrated Circuit)

ISD——主安全域(Issuer Security Domain)

MCU——微控制单元 (Micro Controller Unit)

OPEN——全球环境(Global Platform Environment)

PAMID——支付账户介质识别码(Payment Account Media Identifier)

PPSE——近距离支付系统环境(Proximity Payment Systems Environment)

ROM——只读存储器(Read Only Memory)

SCP——安全通道协议(Secure Channel Protocol)

S-ENC——安全通道加密密钥(Secure Channel Encryption Key)

S-MAC——安全通道消息认证码密钥(Secure Channel Message Authentication Code Key)

SPI——串行外设接口(Serial Peripheral Interface)

SD——安全与权限(Security Domain)

SE——安全单元(Secure Element)
SSD——辅助安全域(Supplementary Security Domain)
SWP——单线协议(Single Wire Protocol)
TCSD——交通一卡通认证安全域(Transport Certification Security Domain)
TSD——交通一卡通辅助安全域(Transport Security Domain)
T-MTPS——交通一卡通公共服务(Transport-Mobile Trustable Public Service)
(U)SIM——(通用)用户身份识别模块(Universal)(Subscriber Identity Module)

5 类型及其基本要求

5.1 基于SWP接口的(U)SIM卡

5.1.1 物理特性

(U)SIM卡的物理特性应符合GB/T 16649.1的规定。

5.1.2 接触通道

(U)SIM卡的接触通道的接口电气特性和传输协议应符合GB/T 16649.3和GB/T 16649.4的规定。

5.1.3 非接触通道

5.1.3.1 电气特性和传输协议

非接触通道的电气特性和传输协议应符合JT/T 978.5的规定,并应保证SE与读写终端的兼容性。

5.1.3.2 单线协议

CLF和(U)SIM卡之间应采用SWP连接,SWP接口的电气特性和链路层传输协议应符合ETSI TS 102 613 V8.0及以上版本的规定,其传输层协议应符合ETSI TS 102 622 V8.0及以上版本的规定。

5.1.4 SE逻辑结构

基于SWP协议的(U)SIM卡SE包括接触通道和非接触通道,接触通道和非接触通道应具有并发处理能力,且互不影响。SE逻辑结构如图1所示。

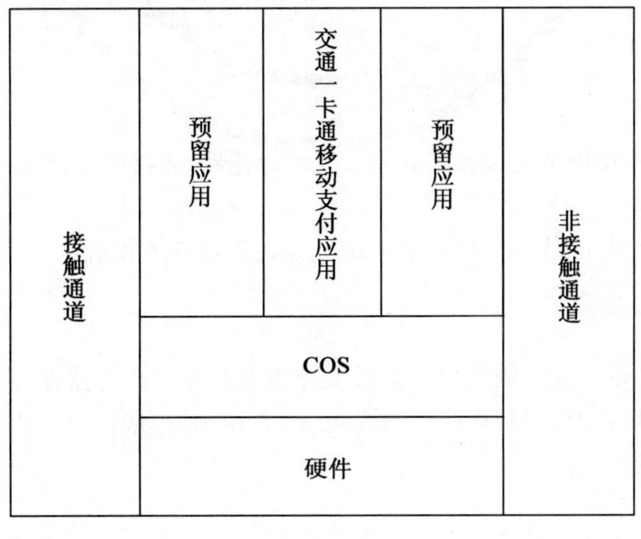

图1 (U)SIM卡SE逻辑结构

5.1.5 硬件方案结构

基于 SWP 接口(U)SIM 卡移动支付方案的核心硬件包括天线、CLF、(U)SIM 等模块，可在移动支付终端上实现非接触 IC 卡卡片功能。基于 SWP 接口(U)SIM 卡移动支付方案结构如图 2 所示。

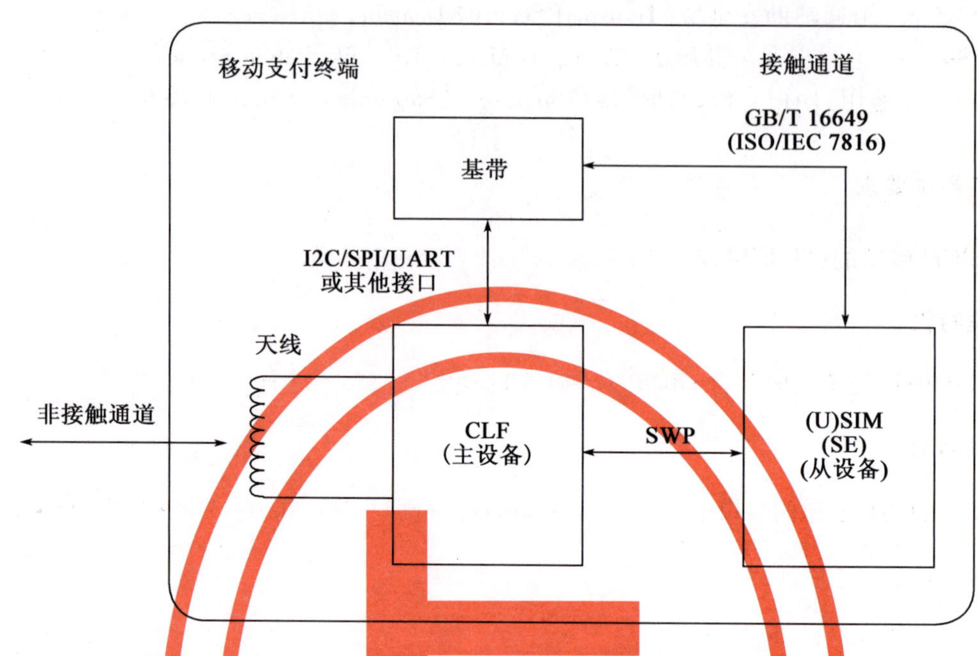

图 2 基于 SWP 接口(U)SIM 卡硬件方案结构

5.1.6 供电要求

5.1.6.1 当移动支付终端处于开机状态，或处于关机状态但电池仍能通过电源管理系统正常提供电源能量时，(U)SIM 卡可使用移动支付终端的电池作为电源能量；当移动支付终端的电池被取下时，或电池无法通过电源管理系统正常提供电源能量时，(U)SIM 卡可选择使用 CLF 芯片从终端设备的工作场中感应得到的电源能量。

5.1.6.2 在(U)SIM 卡获得正常工作所需的电源能量时，应能正常运行交通一卡通移动支付应用。

5.2 全终端

5.2.1 物理特性

全终端通过内置 SE 模块模拟非接触式 IC 卡，其物理特性、非接触通道的电气特性和传输协议应符合 JT/T 978.5 的要求。

本部分对全终端内置 SE 的外形尺寸和触电定义等物理特性不作规定。

5.2.2 接触通道

5.2.2.1 CLF 与内置 SE 模块之间的接口应提供主处理器和外部读写器设备访问 SE 模块的通路。

5.2.2.2 移动支付终端具备内置 SE 模块的情况下，CLF 和 SE 模块接口是内部接口，本部分对其电气特性和传输协议不作规定。

5.2.3 非接触通道

非接触通道的电气特性和传输协议应符合 JT/T 978.5 的规定，并应保证 SE 与读写终端的兼容性。

5.2.4 SE 逻辑结构

全终端所用的 SE 包括接触通道和非接触通道，接触通道和非接触通道应具有并发处理能力，且互不影响。SE 逻辑结构如图 3 所示。

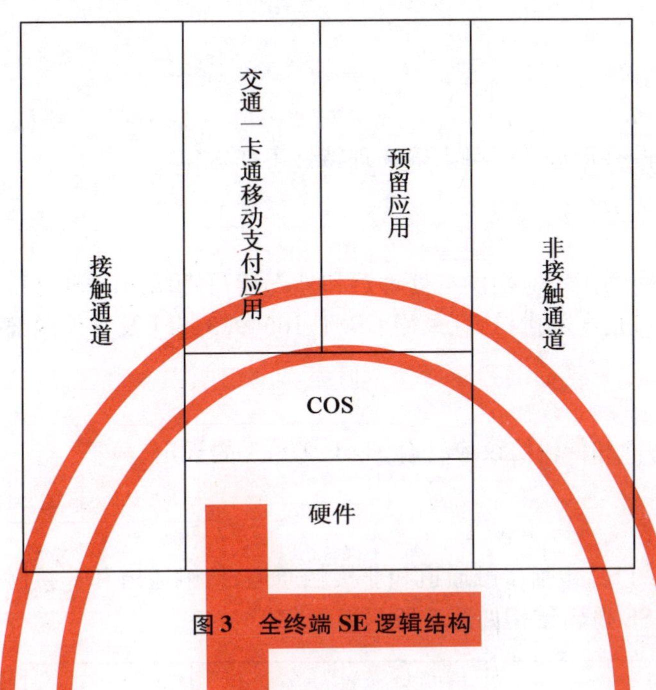

图 3 全终端 SE 逻辑结构

5.2.5 硬件方案结构

全终端移动支付的核心硬件方案结构至少应包含内置 SE 模块、CLF 和天线等，如图 4 所示。

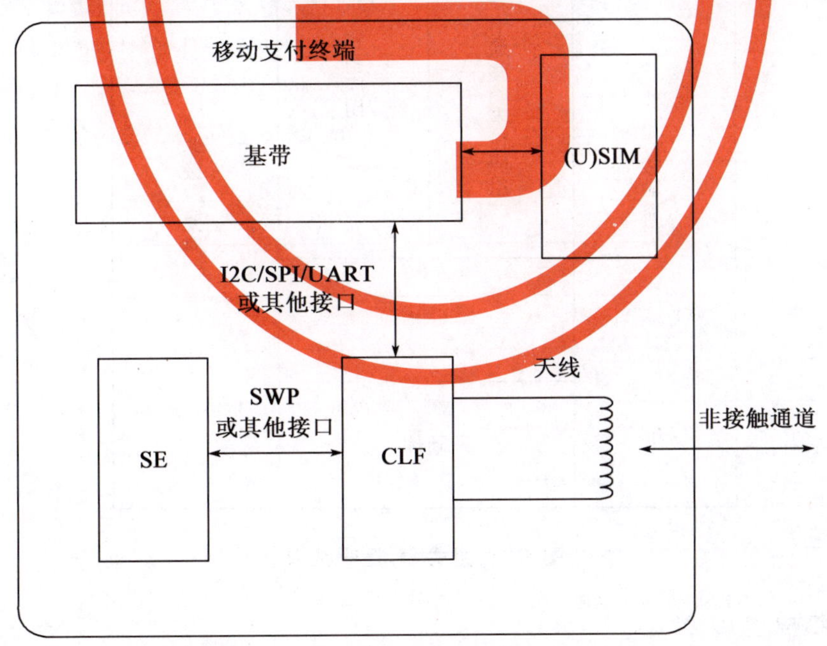

图 4 全终端硬件方案结构

5.2.6 供电要求

5.2.6.1 当移动支付终端处于开机状态，或处于关机状态但电池仍能通过电源管理系统正常提供电源能量时，内置 SE 模块可使用移动支付终端的电池作为电源能量；当移动支付终端的电池被取下时，或电池无法通过电源管理系统正常提供电源能量时，内置 SE 模块可选择使用 CLF 芯片从终端设备的工作场中感应得到的电源能量。

5.2.6.2 在内置 SE 模块获得正常工作所需的电源能量时，应能正常运行交通一卡通移动支付应用。

5.3 外置式 SE

5.3.1 物理特性

本部分对外置式 SE 的外形尺寸和触点等物理特性不作规定。

5.3.2 接触通道

5.3.2.1 MCU 与 SE 之间的接口应提供主处理器和外部读写终端访问 SE 模块的通路。

5.3.2.2 MCU 与 SE 接口是内部接口，宜采用 GB/T 16649.3、SPI 及其他内部接口协议。

5.3.3 非接触通道

非接触通道的电气特性和传输协议应符合 JT/T 978.5 的规定。

5.3.4 SE 逻辑结构

外置式 SE 模块所用的 SE 包括接触通道和非接触通道，接触通道和非接触通道应具有并发处理能力，且互不影响。外置式 SE 逻辑结构如图 5 所示。

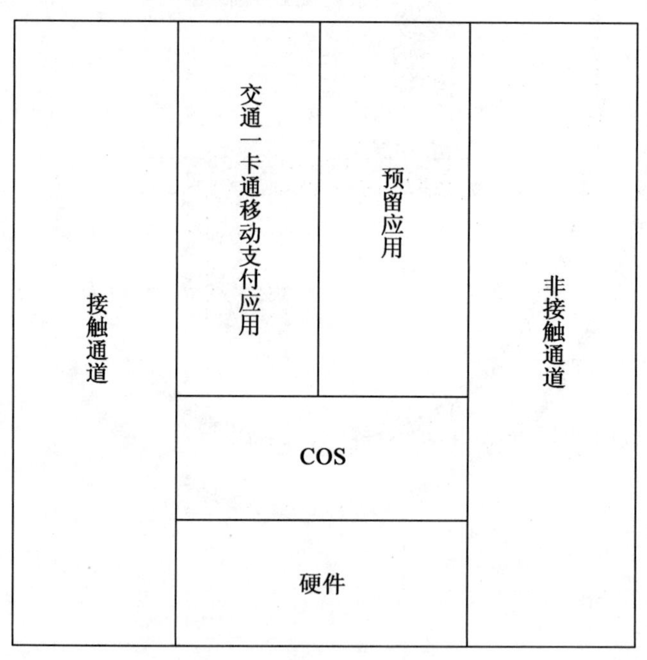

图 5 外置式 SE 逻辑结构

5.3.5 硬件方案结构

5.3.5.1 外置式 SE 是通过蓝牙等非接触通信方式与移动支付终端相连外部设备中的 SE 模块，能模拟非接触式 IC 卡，其非接触通信功能应符合 JT/T 978.5 的规定。

5.3.5.2 外置式 SE 载体(包括可穿戴设备、异型卡等)的内部安装 SE 芯片和非接触天线，与移动支付终端连接后，可实现应用下载、个人化、远程支付、空中充值和余额查询等功能。

5.3.5.3 外置式 SE 载体移动支付的硬件方案结构如图 6 所示。

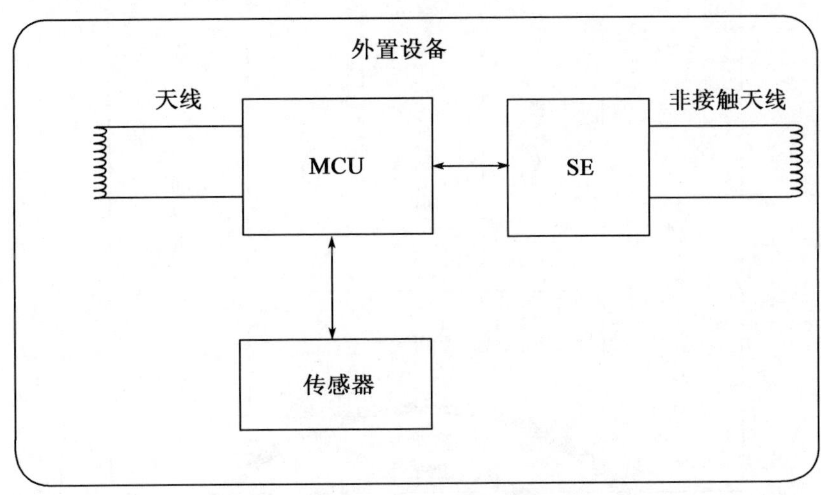

图 6 外置式 SE 载体硬件方案结构

5.3.6 供电要求

5.3.6.1 外置式 SE 可使用外置设备的电池作为电源能量；当外置设备的电池电量小于预设阀值时，应主动关机，预留部分电量供 SE 和非接触天线部件使用。外置设备关机时，电池应能通过电源管理系统正常提供电量给 SE，直至电量不能维持 SE 正常工作的时，电源管理系统应切断 SE 的供电。

5.3.6.2 外置式 SE 也可选择使用非接触天线从终端设备的工作场中感应得到的电源能量。

5.3.6.3 在安全芯片 SE 可获得正常工作所需的电源能量的情况下，应能正常运行交通一卡通移动支付应用。

5.4 双界面(U)SIM 卡

5.4.1 物理特性

双界面(U)SIM 卡的物理特性应符合 GB/T 16649.1 的规定。

5.4.2 接触通道

双界面(U)SIM 卡的接触通道的接口电气特性和传输协议应符合 GB/T 16649.3 和 GB/T 16649.4 的规定。

5.4.3 非接触通道

非接触通道的电气特性和传输协议应符合 JT/T 978.5 的规定。

5.4.4 SE 逻辑结构

双界面(U)SIM 卡 SE 包括接触通道和非接触通道，接触通道和非接触通道应具有并发处理能力，且互不影响。SE 的逻辑结构如图 7 所示。

5.4.5 硬件方案结构

基于双界面(U)SIM 卡实现近场支付功能的通信终端设备的硬件结构至少应包含双界面(U)SIM、天线等模块，硬件方案结构如图 8 所示。

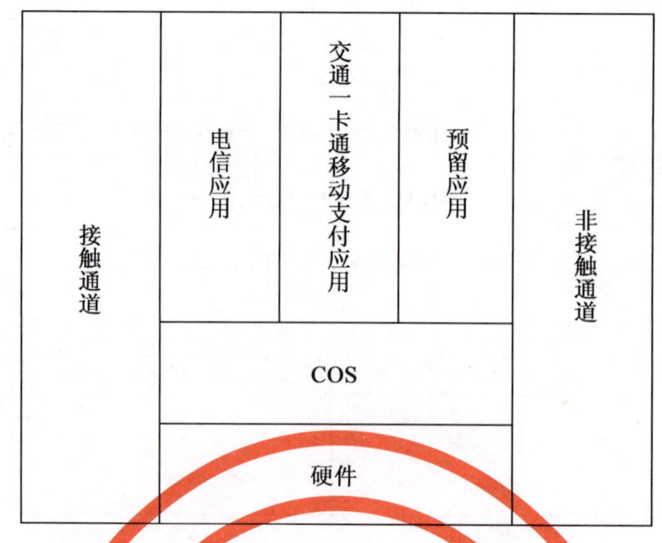

图 7 双界面(U)SIM 卡 SE 逻辑结构

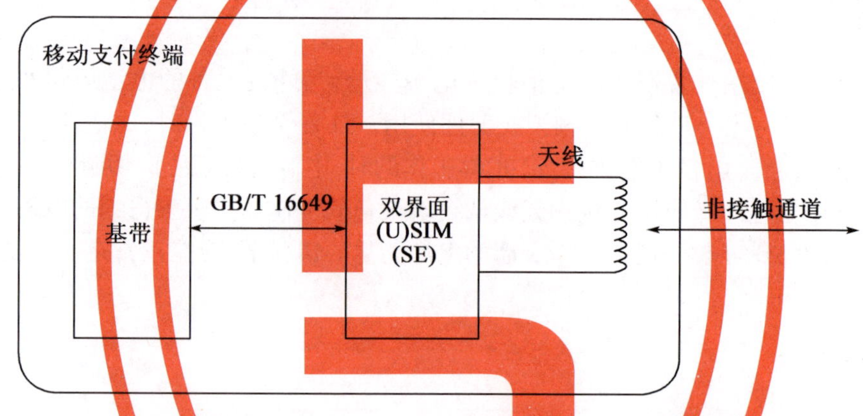

图 8 基于双界面(U)SIM 卡的移动支付硬件方案结构

5.4.6 供电要求

5.4.6.1 当移动支付终端处于开机状态，或处于关机状态但电池仍能通过电源管理系统正常提供电源能量时，双界面(U)SIM 卡可使用移动支付终端的电池作为电源能量；当移动支付终端的电池被取下，或电池无法通过电源管理系统正常提供电源能量时，双界面(U)SIM 卡可选择使用其通过天线线圈从终端设备的工作场中感应得到的电源能量。

5.4.6.2 在双界面(U)SIM 卡可获得正常工作所需的电源能量的情况下，应能正常运行交通一卡通移动支付应用。

6 多应用管理

6.1 一般要求

6.1.1 交通一卡通移动支付应用中，SE 作为移动支付的安全载体，除应对交易关键数据进行安全存储和运算，确保进行的敏感交易具有安全认证和不可抵赖性外，还应支持多应用动态管理，并保证其安全运行。移动支付 SE 多应用管理主要功能包括：

a) 支持应用动态下载：支持在 SE 发行后，SE 发行者或服务提供者根据业务扩充的需求，在 SE 上动态加载新的应用供用户使用；

b) 支持多应用共存:通过将 SE 上不同的应用关联至相应的安全域,确保不同应用间的独立安全运行,互不影响;

c) 支持与应用相匹配的安全策略:通过为不同的安全域实现其对应的安全通道,确保不同应用采取与之匹配的安全策略与 SE 外部实体进行鉴权及安全会话。

6.1.2 SE 应实现多应用平台管理功能。SE 多应用平台由安全域、全局服务应用、运行时环境、平台环境等系列组件构成。SE 多应用平台应为 SE 上的应用和卡外可信管理系统提供独立于硬件和厂商的接口。

6.2 安全域

6.2.1 安全域应提供各类安全服务,包括密钥管理、加密解密、针对其所有者(发卡机构、应用提供方、授权管理者)的应用进行数字签名的生成与验证等。当发卡机构、应用提供方、授权管理者等卡外实体将用到的安全服务进行隔离时,应通过安全域实现。

6.2.2 根据授权机构不同,SE 安全域可划分为 ISD 和 SSD 两种主要类型,ISD 是 SE 上唯一的、强制性存在的安全域,是 SE 管理者(通常是发行方)在 SE 内的代表;SSD 是 SE 上可选择存在的安全域,是应用提供方或发行方以及它们的代理方在 SE 内的代表。

6.3 全局服务应用

SE 上可存在一个或多个全局服务应用,应能向其他应用提供者(诸如 SE 持有者)提供验证方法等的服务。

6.4 运行时环境

SE 多应用平台运行在一个安全的多应用运行时环境之上。运行时环境应向所有应用提供一套硬件中立应用编程接口,确保各个应用的代码和数据能相互区隔及安全存储。运行时环境应负责执行空间分配机制,并提供服务,用以完成 SE 和 SE 外部实体之间的通信。

6.5 平台环境

6.5.1 SE 平台环境的主要功能包括向应用提供 API、命令转发、应用选择、逻辑通道管理及 SE 内容管理。

6.5.2 SE 平台环境应拥有一个内部的全局平台注册表,用作信息资源进行 SE 的内容管理。全局平台注册表包含管理 SE、可执行装载文件、应用、安全域关联及权限所需信息。

6.6 平台 API

SE 可通过平台 API 向应用提供各种服务(如持卡方验证服务、个人化服务和安全服务等),也可通过平台 API 提供 SE 内容管理服务(如 SE 锁定或应用生命周期状态更新服务等)。

6.7 SE 应用管理

6.7.1 SE 负责管理其内部的安全域和各类应用,各类应用在通过平台指令下载至 SE 上后,应以可执行装载文件的形式定义并存在,可执行装载文件保存在:

a) SE 内不可改变的存储区(ROM)中。在这种情况下,可执行装载文件在 SE 生产过程中就被装载到 SE 中,且不可被改变(可以被禁止);

b) SE 内可变存储区中。在这种情况下,可执行装载文件可以在发行前阶段或发行后阶段被装载或删除。

6.7.2 已下载并保存至 SE 的每一个可执行装载文件可包含一个或多个可执行模块,即应用代码。应用的安装过程为:从一个可执行模块里创建一个应用实例,并连同该应用相关的数据一起放入 SE 的可变存储区中,同时此应用生命周期状态转化为已安装状态。此后此应用的生命周期状态转换可参见

6.8.3中应用生命周期管理。

6.7.3 任何应用的实例及其相关的数据都可以被移除。一个 SE 应支持多个可执行装载文件、多个可执行模块及多个应用同时存在。

6.8 生命周期模型

6.8.1 SE 生命周期管理

SE 生命周期包含平台就绪、初始化、安全状态、SE 锁定和 SE 终止 5 个状态,图 9 中各状态符合以下要求:

a) 平台就绪:SE 处于 OP_READY 状态时,发行方安全域应用选择就绪;命令处理模块应做好接收、处理、响应 APDU 指令的准备。

b) 初始化:SE 从生产机构切换至发行机构正式发行的中间产品管理状态,从平台就绪状态到初始化状态的切换应为不可逆操作。初始化状态应使某些初始化信息(如发行方安全域的密钥及数据)已经驻留至 SE。

c) 安全状态:标示 SE 生命周期处于正式发行后,产品已经发行到最终用户并正式启动、使用已装载业务。安全状态下,SE 安全域和应用可完全贯彻各自的安全策略。从初始化状态到安全状态的切换应为不可逆操作。

d) SE 锁定:SE 锁定状态下,应禁止对载体上的安全域和应用进行选择。从安全状态到 SE 锁定状态的切换应为可逆操作。

e) SE 终止:标示 SE 生命周期完结。SE 终止状态应永久性禁止载体的任何功能以及任何内容管理和生命周期的改变。从任何其他状态都可直接切换到 SE 终止状态,且状态切换应均为不可逆操作。

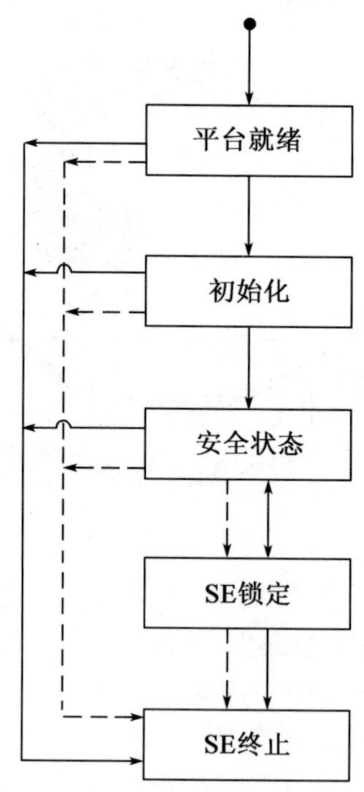

说明:
实线箭头——SE 安全域策略;
虚线箭头——SE 应用策略。

图 9 SE 生命周期状态

6.8.2 可执行装载文件和可执行模块生命周期管理

6.8.2.1 可执行装载文件生命周期应只有一个状态。所有存放在 SE 内的可执行装载文件应处于 LOADED 状态。

6.8.2.2 可执行模块的生命周期应与可执行装载文件的生命周期相匹配。

6.8.3 安全域和应用生命周期管理

6.8.3.1 安全域生命周期包含已安装、可选择、已个人化及已锁定 4 种状态,图 10 中各状态符合以下要求:

a) 已安装状态:标示安全域已完成注册表条目注册。该状态下,安全域服务不应被应用使用,安全域不可选定,不应与可执行装载文件或应用关联。

b) 可选择状态:标示安全域可被选择,可接收相关个人化指令。该状态下未装载应用密钥,不应和可执行装载文件或应用进行关联。从已安装状态到可选择状态的切换应为不可逆操作。

c) 已个人化状态:标示安全域已完成运行所需个人化数据与密钥数据的装载。该状态下,安全域与应用已建立关联。从可选状态到已个人化状态的切换应为不可逆操作。

d) 已锁定状态:OPEN 或经过发行者安全域认证后的卡外实体应能将安全域的生命周期状态设置为已锁定状态,并能阻止该安全域进一步被选择。处于锁定状态的安全域应被禁止用于委托管理操作。应仅发行方可对安全域锁定状态进行解锁。OPEN 保证该安全域生命周期在解锁后恢复至锁定前状态。

注:授权管理安全域也符合图中安全域生命周期管理。

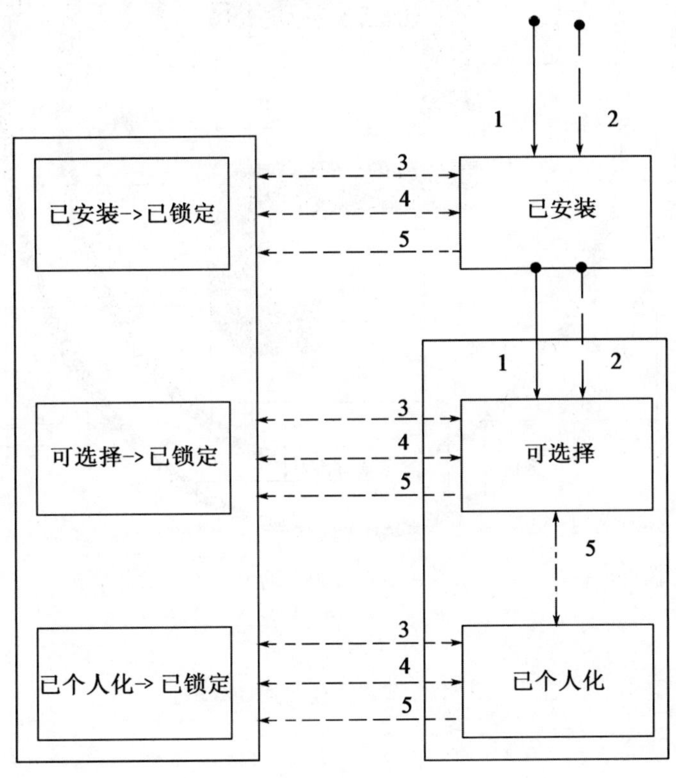

说明:

1——具有验证管理功能的安全域;

2——具有托管功能的安全域;

3——关联安全域;

4——具有锁定功能的安全域或应用;

5——安全域本身。

图 10 安全域生命周期状态

6.8.3.2 SE 应用生命周期包含已安装、可选择、已锁定及应用自定义 4 种状态,图 11 中各状态符合以下要求:

a) 已安装状态:标示应用已完成 SE 注册表条目注册。该状态下,该应用应为不可选。
b) 可选择状态:标示应用可被成功选择,可接收相关指令。从已安装状态到可选择状态的切换应为不可逆操作。
c) 已锁定状态:标示 OPEN 或经过发行者安全域认证后的 SE 外实体应将应用的生命周期状态设置为已锁定状态,以阻止该应用被成功选择或执行。应仅发行方可对应用锁定状态进行解锁。OPEN 确保该应用生命周期在解锁后应恢复至锁定前状态。
d) 应用自定义状态:可为应用本身自定义状态。

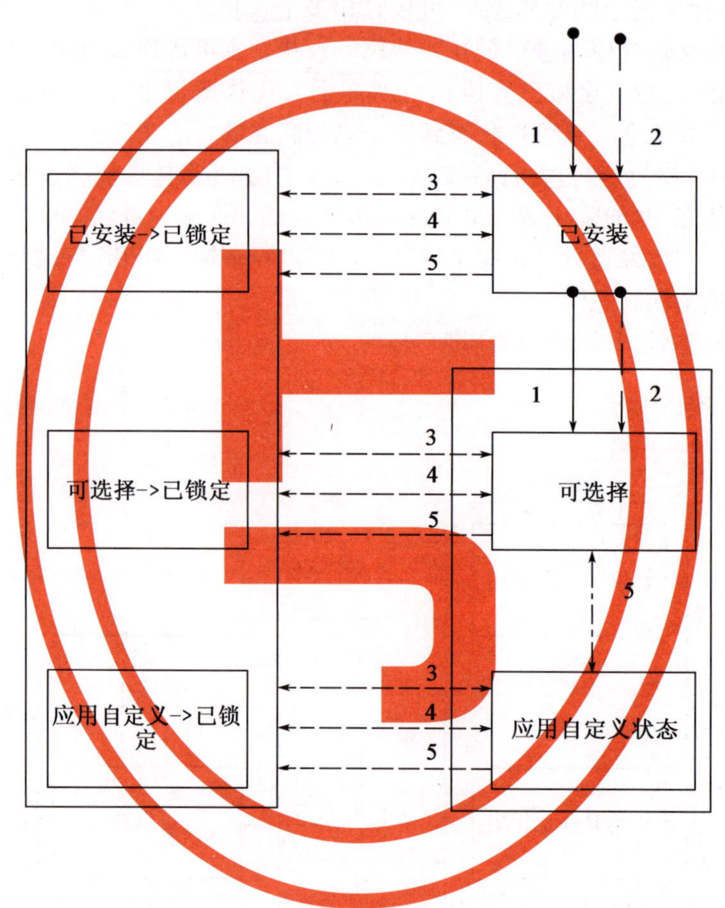

说明:

1——具有验证管理功能的安全域;
2——具有托管功能的安全域;
3——关联安全域;
4——具有锁定功能的安全域或应用;
5——安全域本身。

图 11 SE 应用生命周期状态

7 多应用架构

7.1 一般要求

SE 多应用架构包括多应用架构 A 和多应用架构 B 两种形式,每种应用架构由一系列的 SE 多应用组件构成。支持移动支付的 SE 多应用构成组件如图 12 所示,组件应满足以下要求:

a) PAMID 应是 SE 的唯一身份标识符,满足本部分第 8 章的要求;

b) 交通安全域组件用于支持移动支付的一系列特定安全域,以实现移动支付的 SE 安全可信和开放共享服务;

c) PPSE 用于管理非接触应用列表;

d) 交通一卡通移动支付应用是在 SE 上安全地提供支付功能的系列应用。

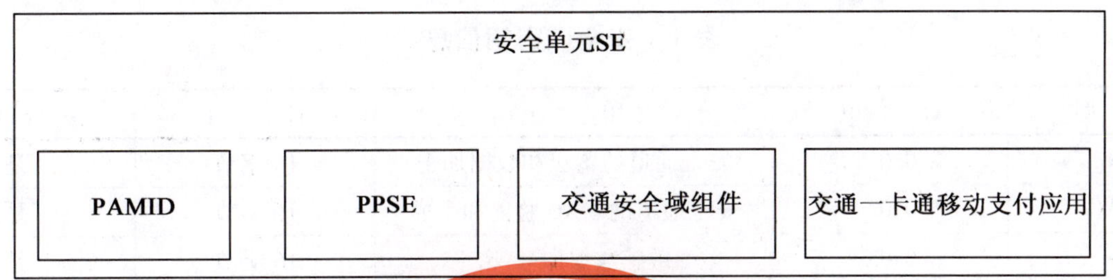

图 12 移动支付 SE 多应用组件

7.2 SE 多应用架构 A

7.2.1 一般要求

7.2.1.1 SE 多应用架构 A 为必选支持,包括 ISD、TSD、应用提供方 SSD、交通一卡通支付应用和身份认证应用,如图 13 所示。

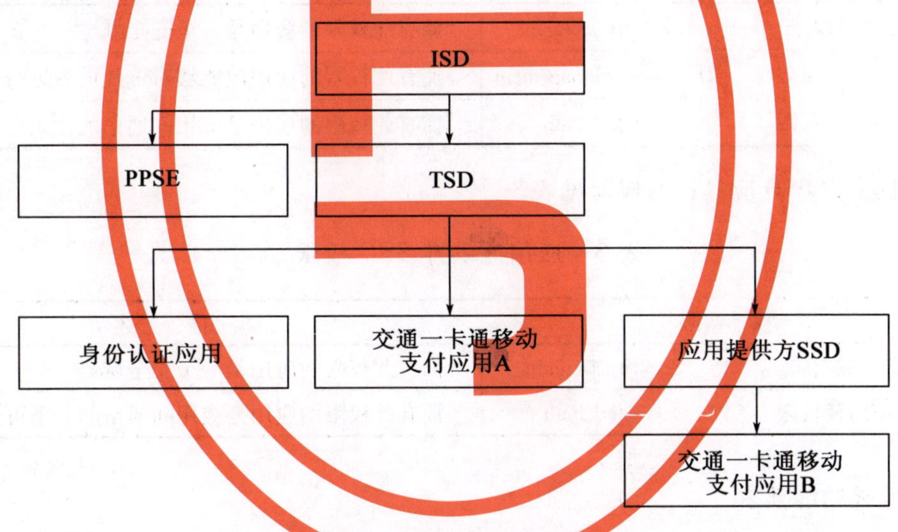

图 13 SE 多应用架构 A

7.2.1.2 在架构 A 中,主安全域由 SE 发行方持有,提供 TSD 的生命周期管理和应用管理授权,TSD 采用委托管理模式。交通一卡通移动支付应用关联到应用提供方 SSD 或 TSD,并由 ISD 管理授权。

7.2.1.3 应用提供方不具备交通一卡通移动支付应用的个人化能力时,可委托 T-MTPS 平台进行应用个人化操作。如图 13 所示,将交通一卡通移动支付应用 A 安装在 TSD 下,由 T-MTPS 平台负责完成应用个人化。

7.2.1.4 应用提供方具备交通一卡通移动支付应用个人化能力时,由应用提供方自行完成应用个人化操作。如图 13 所示,交通一卡通支付应用 B 下载、安装到 TSD 后,被迁移到应用提供方 SSD 下,由应用提供方负责应用个人化。

7.2.2 辅助安全域安全要求

7.2.2.1 TSD 及 TSD 下辅助安全域负责存储其所有方的通信密钥和 DAP 验证密钥(DAP 验证密钥为

可选)。交通一卡通移动支付应用个人化时,应可借助其关联安全域的安全通信功能,保护个人化数据的安全性。

7.2.2.2 安全域在创建时,其安全通道协议要求应设置为 SCP02 并采用 i = '15' 或 i = '55' 实现方式,并至少注入一组初始密钥。

7.2.2.3 SCP02 每组密钥应包含 S - ENC、S - MAC 和 DEK 三种密钥,见表 1。

表 1 安全域密钥信息

类型	标识	用法	长度	是否必选
S-ENC	0x01	安全通道的鉴权和数据加密	16 字节	是
S-MAC	0x02	安全通道的 MAC 验证和生成	16 字节	是
DEK	0x03	敏感数据加/解密	16 字节	是

7.2.3 辅助安全域权限要求

7.2.3.1 TSD 应具备的权限见表 2。

表 2 辅助安全域权限

序号	权限		描述
1	安全域权限	Security Domain	拥有此权限的应用是一个安全域
2	委托管理权限	Delegated Management	拥有此权限的应用应能够对卡片内容进行委托管理
3	可信路径权限	Trusted Path	拥有此权限的应用是应用间通信的一条可信路径

7.2.3.2 应用提供方 SSD 应具备的权限见表 3。

表 3 应用提供方 SSD 权限

序号	权限		描述
1	安全域权限	Security Domain	拥有此权限的应用是一个安全域
2	可信路径权限	Trusted Path	拥有此权限的应用是应用间通信的一条可信路径

7.2.4 辅助安全域功能要求

辅助安全域应具备应用迁移、应用个人化和应用服务的能力。在安装辅助安全域时,安装参数 C9 标签应支持的参数见表 4,其中'82'和'87'标签编码规则见表 5。

表 4 辅助安全域迁移功能要求

标签	长度	描述
'81'	'02'	用于设置安全通道的 id 和 i('15'或'55')
'82'	'01'或'02'	用于设置应用或安装包是否可迁入本辅助安全域
'84'	'00'	如果未出现该项标签,则在个人化结束后默认设置为个人化状态;如果出现该项标签,则在个人化结束后通过 set status 对设置成个人化状态
'87'	'01'或'02'	用于设置应用或安装包是否可从本辅助安全域迁出

表 5 ‘82’和‘87’标签编码规则

b8	b7	b6	b5	b4	b3	b2	b1	描　述
0	0	0	0	0				SSD 不接受迁入、迁出。如果安装参数不带‘82’,‘87’标签,此为默认设置
1	0	–	0	–				SSD 接受从上一级具有授权管理权限的 SSD 迁入、迁出
1	1	–	0	–				SSD 接受从同一层次体系的任何具有授权管理权限的 SSD 迁入、迁出
–	–	1	0	–				接受从 ISD 迁入、迁出
–	–	–	–	1				接受从具有委托管理权限的 SSD 迁入、迁出
1	1	1	1	–				接受从 SE 上任何具备授权管理权限的 SSD 迁入、迁出
–	–	–	–	–	x	x	x	保留

7.3 SE 多应用架构 B

7.3.1 一般要求

7.3.1.1 SE 多应用架构 B 为可选支持,包括 ISD、TSD、TCSD、应用提供方 SSD 和交通一卡通移动支付应用,如图 14 所示。

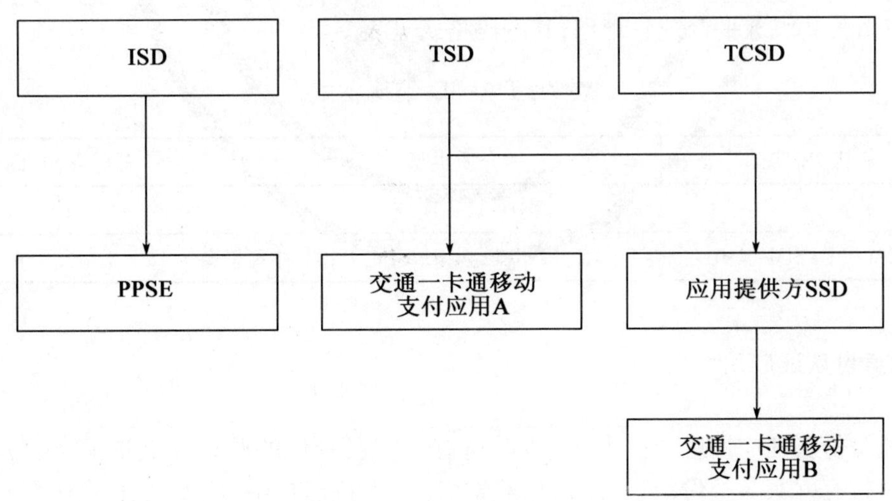

图 14　SE 多应用架构 B

7.3.1.2 TCSD 主要功能是进行 SE 及其持有人实名身份的验证和获取,应满足以下要求:

a) T-MTPS 平台在 SE 内的代表,由 T-MTPS 平台持有;

b) 具备安全域权限;

c) 提供 SCP02 安全通道；
d) 存储的数据包括 SE 持有人的私钥和公钥证书、交通一卡通移动支付平台公钥证书及其他私有数据。除 SE 持有人私钥以外的数据可以通过 GET DATA 命令获得。

7.3.2 辅助安全域安全要求

SE 多应用架构 B 的辅助安全域安全要求应符合 7.2.2 的规定。

7.3.3 辅助安全域权限要求

7.3.3.1 TSD 和 TCSD 具有的权限应至少包括表 6 中的内容。

表 6 辅助安全域权限

序 号	权 限		描 述
1	安全域权限	Security Domain	拥有此权限的应用是一个安全域
2	授权管理权限	Authorized Management	拥有此权限的应用应能管理卡片内容
3	可信路径权限	Trusted Path	拥有此权限的应用是应用间通信的一条可信路径

7.3.3.2 应用提供方 SSD 应具备的权限见 7.2.3 中的表 3。

7.3.4 辅助安全域功能要求

SE 多应用架构 B 的辅助安全域功能要求应符合 7.2.4 的规定。

8 支付账户介质识别码

8.1 PAMID 应在 TSD 创建过程中作为其属性写入 SE 中，且 PAMID 应一次写入，之后只可读取不能更改。
8.2 存储 PAMID 的标识符(Tag)设置为 0x74，用 STORE DATA 指令写入，用 GET DATA 指令读取。
8.3 PAMID 应由公共服务平台统一管理，其编码格式见表 7。

表 7 PAMID 编码格式

发行方机构代码	介质类型	发行方 SE 内部编码
5 字节	1 字节	10 字节
介质类型:00-SWP(U)SIM 卡;01-全终端设备;02-双界面(U)SIM 卡;03-外置设备		

9 交通一卡通身份认证应用

交通一卡通身份认证应用应能提供 SE 及其持有人实名身份的验证和获取服务，应用内容包括存储经加密的卡片持有人实名身份信息(或信息的索引)。无特殊权限，应安装在 TSD 下，通过 TSD 的安全服务进行个人化，提供私有指令方式验证(或获取)卡片持有人实名身份信息或私有数据的服务。

10 安全单元基本命令

SE 基本命令见表 8。

表 8　SE 基本命令

命令	OP_READY			INITIALIZED			SECURED			CARD_LOCKED		TERMINATED	
	AMSD	DMSD	SD	AMSD	DMSD	SD	AMSD	DMSD	SD	FASD	SD	FASD	SD
DELETE 可执行装载文件	□	□	■	□	□	■	□	□	■	■	■	■	■
DELETE 可执行装载文件和相关应用	□	□	■	□	□	■	□	□	■	■	■	■	■
DELETE 应用	√	√	■	√	√	■	√	√	■	■	■	■	■
DELETE 密钥	□	□	□	□	□	□	□	□	□	■	■	■	■
GET DATA	√	√	√	√	√	√	√	√	√	√	■	√	■
GET STATUS	√	□	□	√	□	□	√	□	□	√	■	■	■
INSTALL[加载]	□	□	■	□	□	■	□	□	■	■	■	■	■
INSTALL[安装]	□	□	■	□	□	■	□	□	■	■	■	■	■
INSTALL[加载、安装和设为可选]	□	□	■	□	□	■	□	□	■	■	■	■	■
INSTALL[安装和设为可选]	√	√	■	√	√	■	√	√	■	■	■	■	■
INSTALL[设为可选]	□	□	■	□	□	■	□	□	■	■	■	■	■
INSTALL[迁移]	□	□	■	□	□	■	□	□	■	■	■	■	■
INSTALL[更新注册表]	□	□	■	□	□	■	□	□	■	■	■	■	■
INSTALL[个人化]	□	□	□	□	□	□	□	□	□	■	■	■	■
LOAD	□	□	■	□	□	■	□	□	■	■	■	■	■
PUT KEY	√	□	□	√	□	□	√	√[a]	√[a]	■	■	■	■
SELECT	√	√	√	√	√	√	√	√	√	√	■	■	■
SET STATUS	√	□	□	√	□	□	√	√[b]	√[b]	√	■	■	■
STORE DATA	√	□	□	√	□	□	√	□	□	■	■	■	■

注 1:√——必备,□——可选,■——禁止;
注 2:TCSD 及 TSD 在 SE 多应用架构 B 中属于 AMSD;
注 3:TSD 在 SE 多应用架构 A 中属于 DMSD。

[a] 支持 DMSD/SD PUT Key 操作;
[b] 支持 DMSD/SD 锁定、解锁相关应用。

11 密钥要求

11.1 密钥种类

11.1.1 令牌和收条密钥

11.1.1.1 若 SE 支持委托管理,则应具有令牌验证权限和生成收条权限的安全域,该安全域应当具有表 9 所示的密钥,并满足表 9 的规定。

表 9 令牌和收条密钥

密　钥	用　途	最短长度	说　明
令牌	令牌验证(RSA 公钥)	1 024 位	仅委托管理
收条	生成收条(DES 密钥),可选	16 字节	仅委托管理
收条	生成收条(RSA 私钥),可选	1 024 位	仅委托管理

11.1.1.2 RSA 密钥的长度应大于或等于上述最短长度,且是 32 位的倍数。

11.1.2 DAP 验证密钥

11.1.2.1 若安全域支持 DAP 验证,则安全域应当有一个 RSA 公钥或一个 DES 密钥来验证加载文件数据块签名,并应满足表 10 的规定。

表 10 其他额外的安全域密钥

密　钥	用　途	最短长度	说　明
DAP 验证	加载文件数据块签名验证(RSA 公钥)	1 024 位	仅 DAP 验证
DAP 验证	加载文件数据块签名验证(DES 密钥)	16 字节	仅 DAP 验证

11.1.2.2 RSA 密钥的长度应大于或等于上述最短长度,且是 32 位的倍数。

11.2 密钥算法

交通一卡通移动支付业务使用的密钥算法应符合 JT/T 978.6 的规定。

12 安全通信

SE 安全通信采用 SCP02 安全通道协议,在 SECURED 状态后,所需的 APDU 命令的最低安全级别要求见表 11。

表 11 SCP02 APDU 命令的最低安全级别要求

指　令	最低安全级别
INITIALIZE UPDATE	无
EXTERNAL AUTHENTICATE	C-MAC (‘01’)

13 应用个人化服务

13.1 一般要求

13.1.1 应用安装后,应加载其个人化数据,包括密钥、发卡机构应用数据和持卡人数据。该应用通过安全通信及相关安全域提供的密钥解密服务来管理个人化数据的安全下载。

13.1.2 SE 应支持以下两种方式实现个人化服务:

a) 使用运行时消息流;

b) 使用安全域访问。

13.2 运行时消息流

安全域可以为其直接关联的应用提供运行时支持。应用可以通过关联的安全域服务实现安全通道的建立和数据的安全传递,以实现应用的个人化。运行时消息流的流程如图 15 所示。

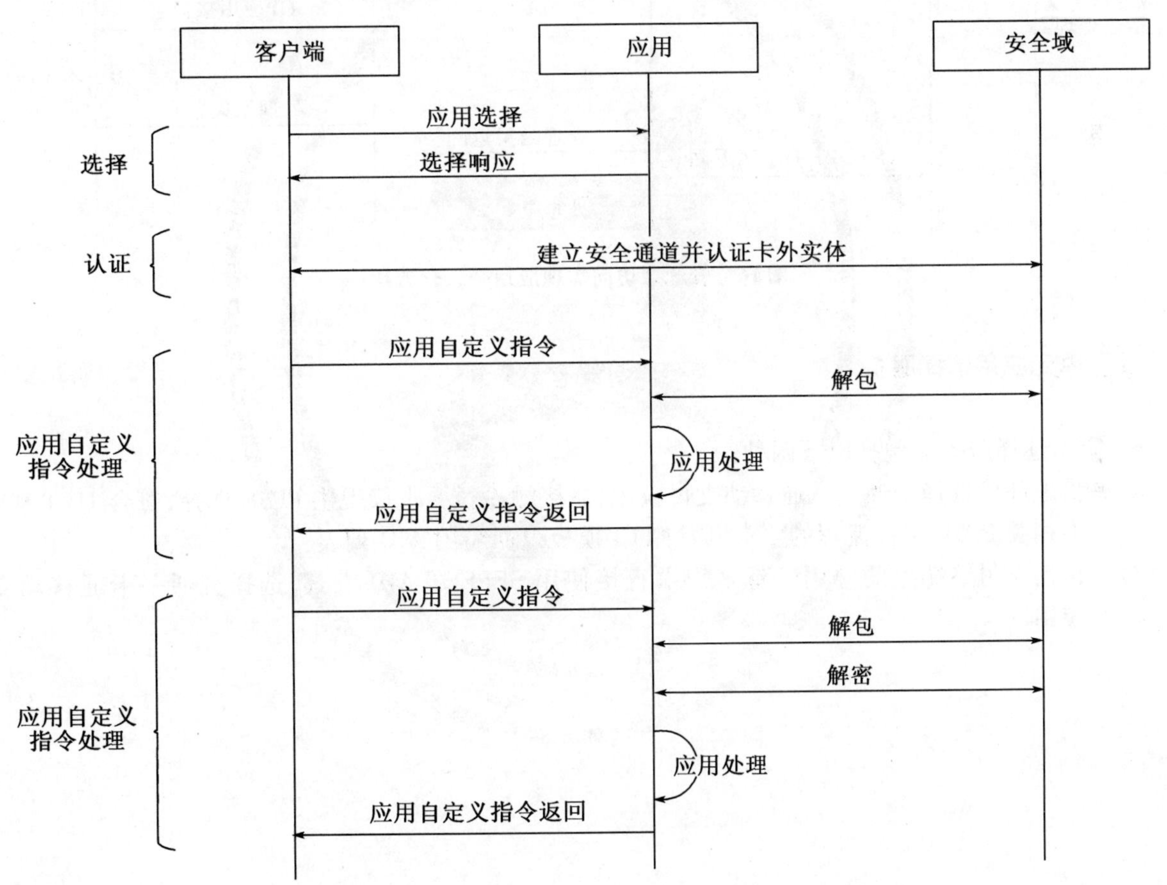

图 15 运行时消息流实现应用个人化流程

13.3 安全域访问

安全域应有能力接收一个 STORE DATA 指令并发送给与其相关联的应用。安全域将指令转发给应用之前,应能根据安全通道的级别对指令进行验证并解包。解包后的指令结构应保持跟封包之前的格式一致。安全域访问实现应用个人化流程如图 16 所示。

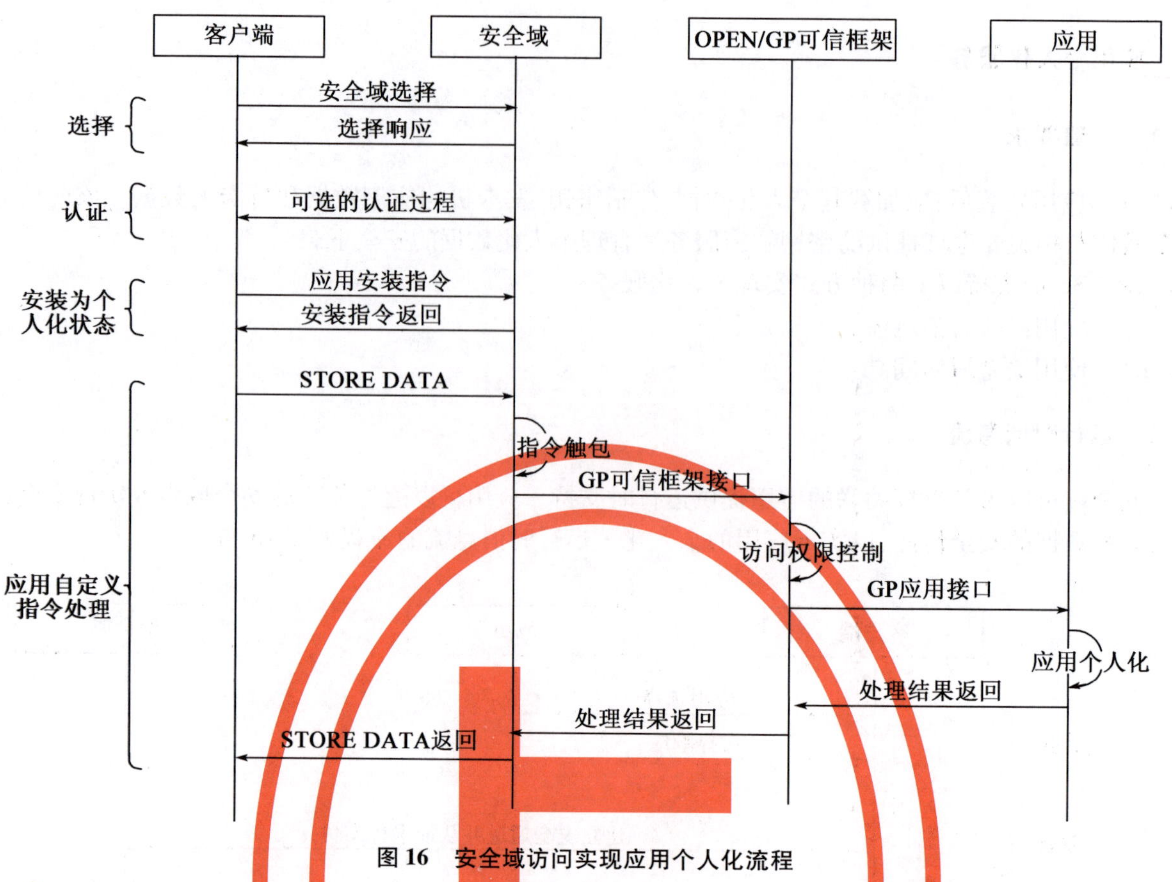

图 16　安全域访问实现应用个人化流程

14　安全单元应用选择服务

SE 应用选择服务应包括以下两种：

a）受理环境选择交通一卡通移动支付应用，非接触途径要求仅提供 PPSE 选择，符合 JT/T 978.2 中相关 PPSE 选择流程的要求，通过 FCI 模板返回应用 AID 列表；

b）移动支付终端上的应用管理客户端直接使用 SELECT AID 方式，选择交通一卡通移动支付应用。

参 考 文 献

[1] JR/T 0097—2012 中国金融移动支付 可信服务管理技术规范
[2] ETSI TS 102 221 Smart Cards;UICC-Terminal interface;Physical and logical characteristics
[3] Java Card Specification V2.2 及以上版本
[4] Global Platform Card Specification Version 2.2 及以上版本

ICS 03.220.20;35.240.15
R 85
备案号:

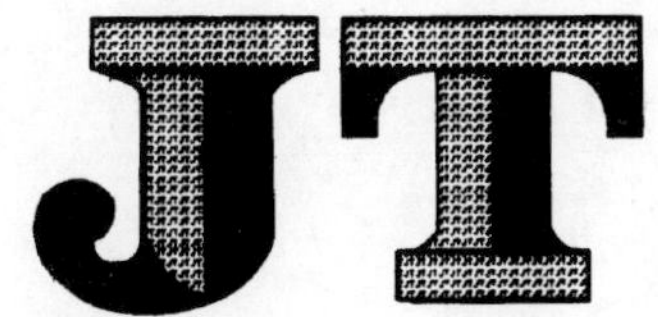

中华人民共和国交通运输行业标准

JT/T 1059.3—2016

交通一卡通移动支付技术规范 第3部分:近场支付

Technical specification for mobile payment of transport card—
Part 3:Proximity payment

2016-04-08 发布　　2016-07-01 实施

中华人民共和国交通运输部　发布

目　次

前　言

JT/T 1059《交通一卡通移动支付技术规范》分为 8 个部分：

——第 1 部分：总则；

——第 2 部分：安全单元；

——第 3 部分：近场支付；

——第 4 部分：远程支付；

——第 5 部分：客户端软件；

——第 6 部分：可信服务管理系统；

——第 7 部分：终端设备；

——第 8 部分：检测项目。

本部分为 JT/T 1059 的第 3 部分。

本部分按照 GB/T 1.1—2009 给出的规则起草。

本部分由交通运输部运输服务司提出。

本部分由交通运输信息通信及导航标准化技术委员会归口。

本部分起草单位：北京中交金卡科技有限公司、北京中电华大电子设计有限公司、大唐微电子技术有限公司、中钞信用卡产业发展有限公司、武汉城市一卡通有限公司、北京中交通联科技有限公司、长春市轨道交通集团有限公司、中卡盈通科技（北京）有限公司。

本部分主要起草人：王一路、沈伟彬、唐猛、王睿、张志红、平庆瑞、孟秋霞、张忠萌、张井合、范春华。

交通一卡通移动支付技术规范
第3部分:近场支付

1 范围

JT/T 1059的本部分规定了交通一卡通移动支付中近场支付的应用模型、交易分类与应用、交易模型及交易流程。

本部分适用于交通一卡通移动支付系统近场支付业务中安全单元支付应用,移动支付终端客户端软件、终端设备及收单系统等实体交易流程的设计、开发和维护。

2 规范性引用文件

下列文件对于本部分的应用是必不可少的。凡是注日期的引用文件,仅注日期的版本适用于本文件。凡是不注日期的引用文件,其最新版本(包括所有的修改单)适用于本文件。

JT/T 978(所有部分) 城市公共交通IC卡技术规范

JT/T 978.2—2015 城市公共交通IC卡技术规范 第2部分:卡片

JT/T 978.3—2015 城市公共交通IC卡技术规范 第3部分:读写终端

JT/T 1059.1 交通一卡通移动支付技术规范 第1部分:总则

JT/T 1059.6—2016 交通一卡通移动支付技术规范 第6部分:可信服务管理系统

3 术语和定义

JT/T 978和JT/T 1059.1界定的以及下列术语和定义适用于本文件。

3.1

收单系统 acquiring system

为近场支付提供终端设备接入、交易信息及结算数据处理等功能的系统。

3.2

转接清算系统 switch and clearing system

实现跨机构支付的业务转接、清算和结算功能的系统。

3.3

客户端 client

用于提供用户接口界面,与安全单元配合实现安全单元管理及应用管理功能的应用软件。

4 缩略语

下列缩略语适用于本文件。

HCE——主机卡模拟(Host Card Emulation)

OTA——空中下载技术(Over The Air Technology)

SE——安全单元(Secure Element)

STK——SIM 卡开发工具包(SIM Card Tool Kit)
TOKEN——令牌化(Tokenization)
TSM——可信服务管理(Trusted Service Management)

5 应用模型

交通一卡通移动支付近场支付应用模型如图 1 所示,所涉及的相关实体及其功能包括:

a) 移动支付终端:用户在移动状态下使用的支付设备,主要指手机及智能可穿戴设备;
b) 终端设备:参与移动支付交易的专用终端设备,主要指闸机、读写器等专用终端;
c) 收单系统:交易信息的产生、转接及结算数据的收集、整理和提交等;
d) 接入渠道:提供短信、OTA 及专用终端等接入方式;
e) TSM:提供载体生命周期管理、应用生命周期管理和应用管理等服务;
f) 交通一卡通公共服务平台:提供 SE 验证、机构管理及应用转接;
g) 账户管理系统:实现账户体系的整体管理功能,包括开户、更改和销户及资金的管理等业务;
h) 转接清算系统:实现跨机构支付的业务转接、清算和结算,在异地交易时接入。

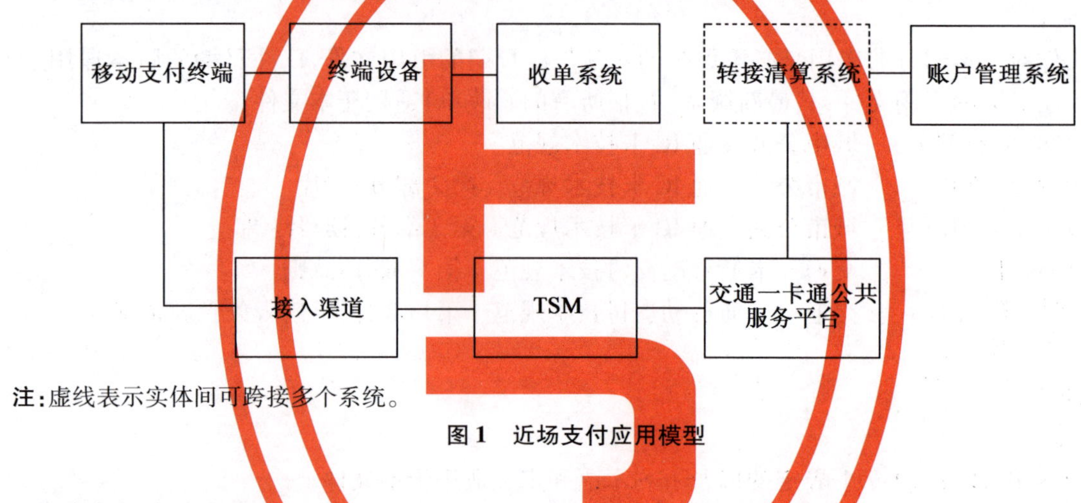

注:虚线表示实体间可跨接多个系统。

图 1 近场支付应用模型

6 交易分类与应用要求

根据移动支付终端与终端设备之间交互方式的不同,近场支付应用可分为电子现金应用和电子钱包应用。应用要求如下:

——电子现金应用应符合 JT/T 978.2—2015 第 7 章要求,交互流程应符合 JT/T 978.3—2015 第 8 章要求;
——电子钱包应用应符合 JT/T 978.2—2015 第 8 章要求,交互流程应符合 JT/T 978.3—2015 第 9 章要求。

7 交易模型

7.1 脱机交易模型

7.1.1 用户通过移动支付终端与终端设备交互进行支付,由终端设备直接进行承兑或拒绝,并在交易完成后通过收单系统和转接清算系统将交易通知或文件转发至账户管理系统进行清算处理。

7.1.2 脱机交易中若终端设备无须上传清算数据到收单系统,则模型只包含移动支付终端与终端设备之间的部分等,如图 2 所示。

图2　脱机交易模型

7.2　联机交易模型

7.2.1　联机交易是移动支付终端与终端设备使用非接触交易方式，在本地或接入收单网络完成处理，并在交易过程中通过收单系统和转接清算系统与账户管理系统进行身份认证、清算处理的交易，包括电子钱包交易和电子现金交易。

7.2.2　终端设备与移动支付终端按照交互流程获取交易所需信息，并向收单系统发起交易请求。交易经账户管理系统处理后依次向前端相连系统返回交易处理结果。联机交易模型如图3所示。

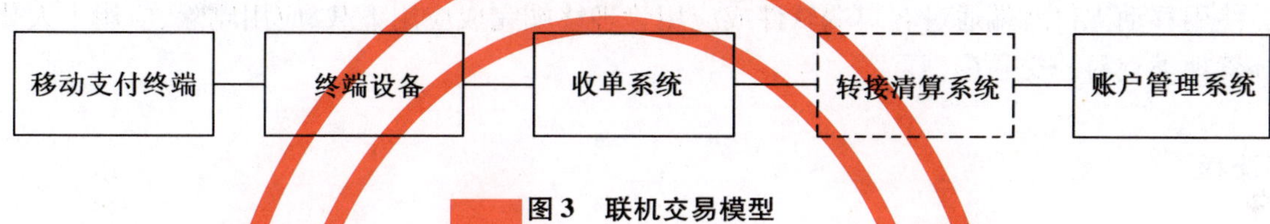

图3　联机交易模型

7.3　移动支付终端内部交易模型

移动支付终端内部交易模型是SE与客户端(含STK)之间进行的交互，如图4所示。

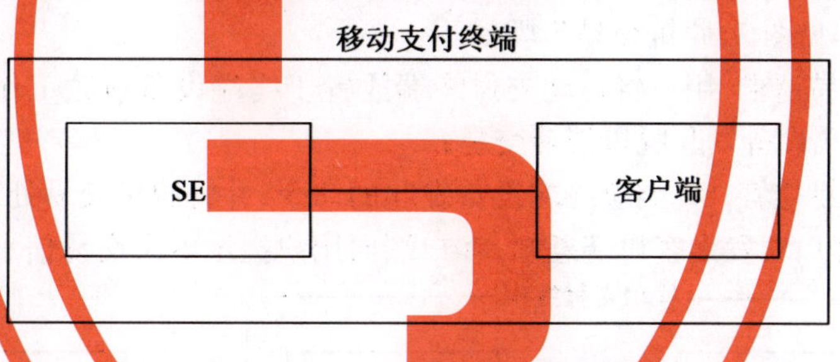

图4　移动支付终端内部交易模型

7.4　外置式SE交易模型

外置式SE交易模型是外置式SE设备通过外部接口与移动支付终端相连后，与客户端之间进行的交互，如图5所示。

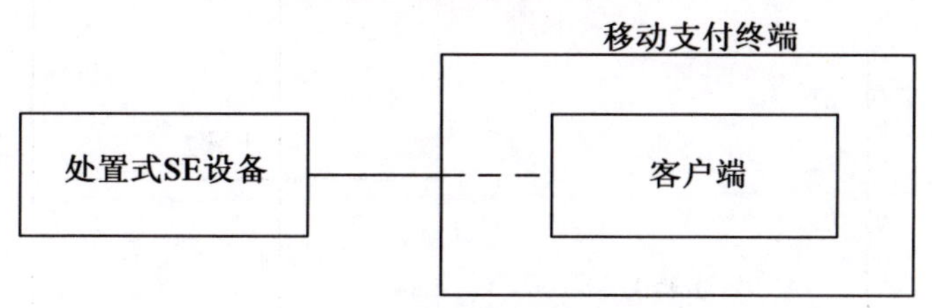

图5　外置式SE交易模型

7.5　云端支付交易模型

用户通过客户端软件或终端设备完成身份识别、比对和认证交易，用户账号、应用密码等敏感的个人身份信息可存储在云端平台,使用 HCE、TOKEN 等机制来实现安全认证,无需 SE 实体的支持,如图 6 所示。

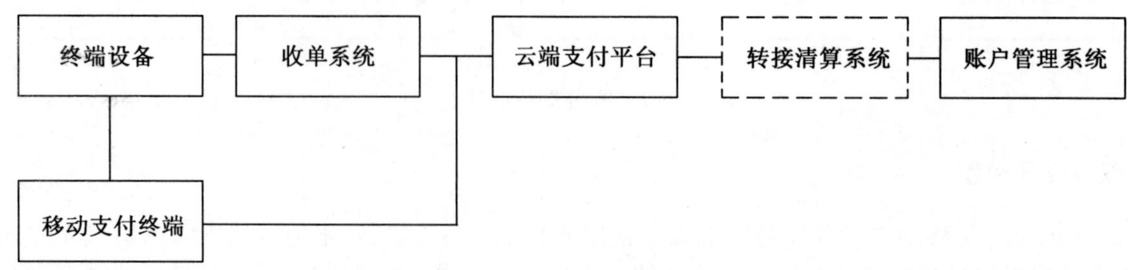

图 6　云端支付交易模型

7.6　应用管理交易模型

用户使用移动支付终端通过客户端软件或应用管理终端完成应用下载、应用删除、应用个人化和应用锁定等管理类交易的交易模型。

8　交易流程

8.1　脱机交易流程

8.1.1　电子现金和电子钱包消费、余额查询、明细查询等多种脱机交易应符合 JT/T 978.3 的流程要求。

8.1.2　脱机交易的流程见图 7,脱机交易步骤如下:

a)　步骤 1:脱机交易请求,用户将移动支付终端放置于终端设备射频工作场(直至第 2 步结束后方可移出),终端设备发起脱机消费交易;

b)　步骤 2:脱机交易应答,SE 响应终端设备发起的命令,并将脱机交易处理结果返回终端设备;

c)　步骤 3:SE 向客户端发出客户端通知,客户端向用户提示本次交易信息(此步骤可选)。

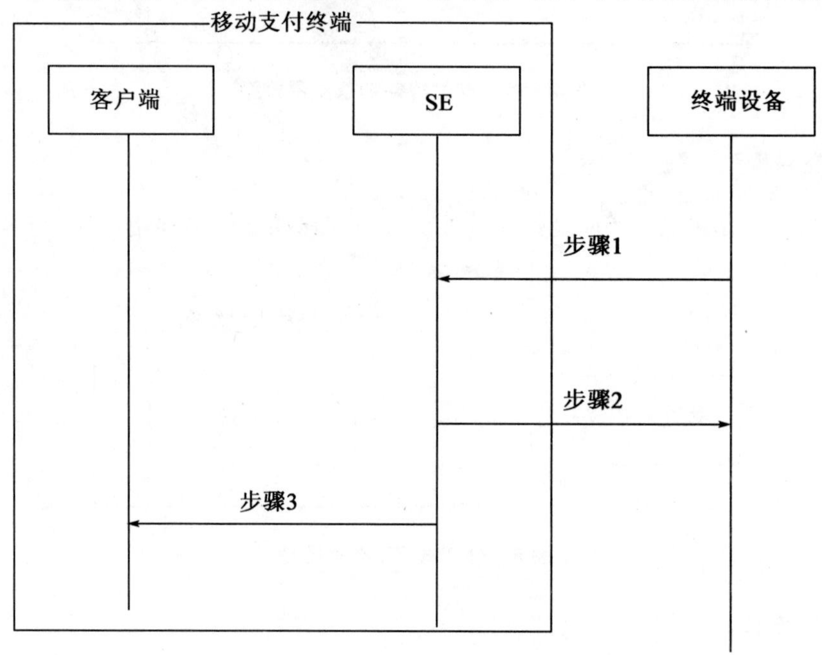

图 7　脱机交易流程示意图

8.1.3 终端设备应在同一清算日向收单系统上传清算数据。

8.2 联机交易流程

8.2.1 电子现金、电子钱包圈存及圈提等多种联机交易应符合 JT/T 978.3 的流程要求。

8.2.2 联机交易的流程如图 8 所示,联机交易步骤如下:

a) 步骤 1:用户将移动支付终端放置于终端设备射频工作场(直至交易结束方可移出),终端设备向 SE 发送命令以获取发起交易所需的数据信息;
b) 步骤 2:SE 响应终端设备发起的命令,并将处理结果返回终端设备;
c) 步骤 3:终端设备向收单系统发送交易请求;
d) 步骤 4:收单系统向终端设备返回交易应答;
e) 步骤 5:终端设备向 SE 发送交易请求;
f) 步骤 6:SE 响应交易请求,并将执行结果反馈终端设备;
g) 步骤 7:SE 将执行结果反馈给客户端,客户端向用户提示本次交易信息(此步骤可选);
h) 步骤 8:终端设备将交易处理结果反馈收单系统;
i) 步骤 9:收单系统向终端设备应答交易处理结果通知。

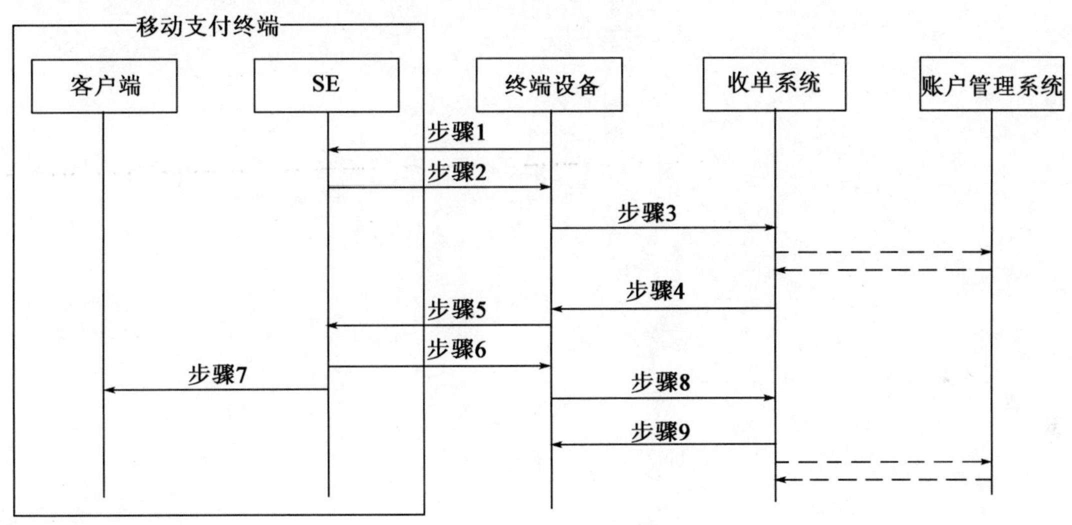

图 8 联机交易流程示意图

8.3 应用管理交易流程

应用管理类交易分为以下 3 类:

a) SE 的管理交易:涉及 SE 初始化的交易流程应按照 JT/T 1059.6—2016 中 7.4 的要求;
b) 辅助安全域的管理交易:包括辅助安全域创建、辅助安全域锁定和解锁及辅助安全域删除,交易流程应按照 JT/T 1059.6—2016 中 6.9 的要求;
c) 应用的管理交易:包括应用下载、应用删除、应用锁定和解锁及应用个人化,其交易流程应按照 JT/T 1059.6—2016 中 6.9 的要求。

ICS 03.220.20;35.240.15
R 85
备案号:

中华人民共和国交通运输行业标准

JT/T 1059.4—2016

交通一卡通移动支付技术规范 第4部分:远程支付

Technical specification for mobile payment of transport card— Part 4:Remote payment

2016-04-08 发布

2016-07-01 实施

中华人民共和国交通运输部 发布

目　　次

前　言

JT/T 1059《交通一卡通移动支付技术规范》分为 8 个部分：

——第 1 部分：总则；

——第 2 部分：安全单元；

——第 3 部分：近场支付；

——第 4 部分：远程支付；

——第 5 部分：客户端软件；

——第 6 部分：可信服务管理系统；

——第 7 部分：终端设备；

——第 8 部分：检测项目。

本部分为 JT/T 1059 的第 4 部分。

本部分按照 GB/T 1.1—2009 给出的规则起草。

本部分由交通运输部运输服务司提出。

本部分由交通运输信息通信及导航标准化技术委员会归口。

本部分起草单位：北京中交金卡科技有限公司、北京市政交通一卡通有限公司、长春市轨道交通集团有限公司、武汉城市一卡通有限公司、武汉天喻信息产业股份有限公司、北京中广瑞波科技股份有限公司、恒宝股份有限公司、北京握奇数据系统有限公司。

本部分主要起草人：李岚、康雪、沈伟彬、邢钊、戚亮、臧宏伟、胡汉友、朱旭东、王蕾、张建祥、王斌录、司徒文翰、张忠萌。

交通一卡通移动支付技术规范
第4部分:远程支付

1 范围

JT/T 1059 的本部分规定了交通一卡通移动支付中远程支付的应用模型及业务处理要求。

本部分适用于交通一卡通移动支付系统远程支付业务中业务流程的设计、开发和维护。

2 规范性引用文件

下列文件对于本部分的应用是必不可少的。凡是注日期的引用文件,仅注日期的版本适用于本文件。凡是不注日期的引用文件,其最新版本(包括所有的修改单)适用于本文件。

JT/T 1059.1 交通一卡通移动支付技术规范 第1部分:总则

JT/T 1059.3 交通一卡通移动支付技术规范 第3部分:近场支付

3 术语和定义

JT/T 1059.1 和 JT/T 1059.3 界定的以及下列术语和定义适用于本文件。

3.1

支付内容平台 payment content platform

向用户提供订购商品或服务的平台。

3.2

账户管理系统 account management system

实现交通一卡通用户账户体系整体管理功能的业务信息系统,包括账户开户、更改和销户及资金的管理等业务功能。

4 应用模型

交通一卡通移动支付中远程支付应用模型如图1所示,所涉及的相关实体及其功能包括:

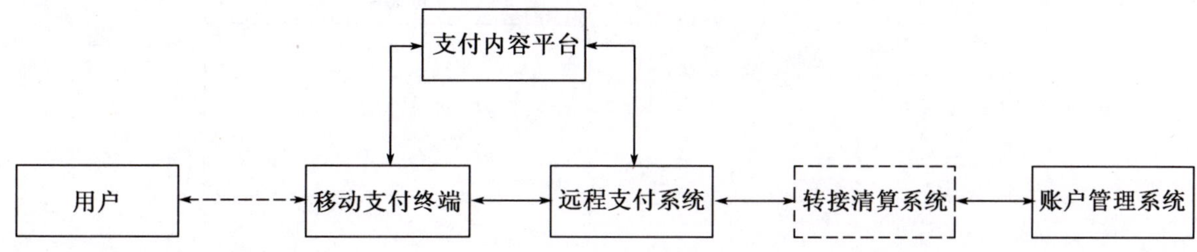

注:虚线表示实体间可跨接多个系统。

图1 远程支付应用模型

a) 移动支付终端:用户在移动状态下使用的支付设备,主要指手机及智能可穿戴设备;

b) 支付内容平台:为用户提供商品或服务;
c) 远程支付系统:为用户提供交易接入、转接和支付服务;
d) 转接清算系统:实现跨机构支付的业务转接、清分和结算,在异地交易时接入;
e) 账户管理系统:实现账户体系的整体管理功能,包括开户、更改和销户及资金的管理等业务。

5 业务处理

5.1 用户注册

5.1.1 一般要求

移动支付终端用户登录之前,应进行用户注册,提交个人身份信息给远程支付系统,远程支付系统保存用户信息。其中,用户信息包括登录名、密码和邮箱等。

5.1.2 交互流程

用户注册交互流程如图2所示,交互步骤如下:

a) 步骤1:用户通过移动支付终端向远程支付系统请求验证码;
b) 步骤2:远程支付平台生成验证码;
c) 步骤3:远程支付系统返回验证码请求结果;
d) 步骤4:用户输入个人身份信息,向远程支付系统发送注册申请;
e) 步骤5:远程支付系统检查验证码正确后,向账户管理系统发送用户个人信息;
f) 步骤6:账户管理系统返回用户注册结果;
g) 步骤7:远程支付系统返回用户注册结果。

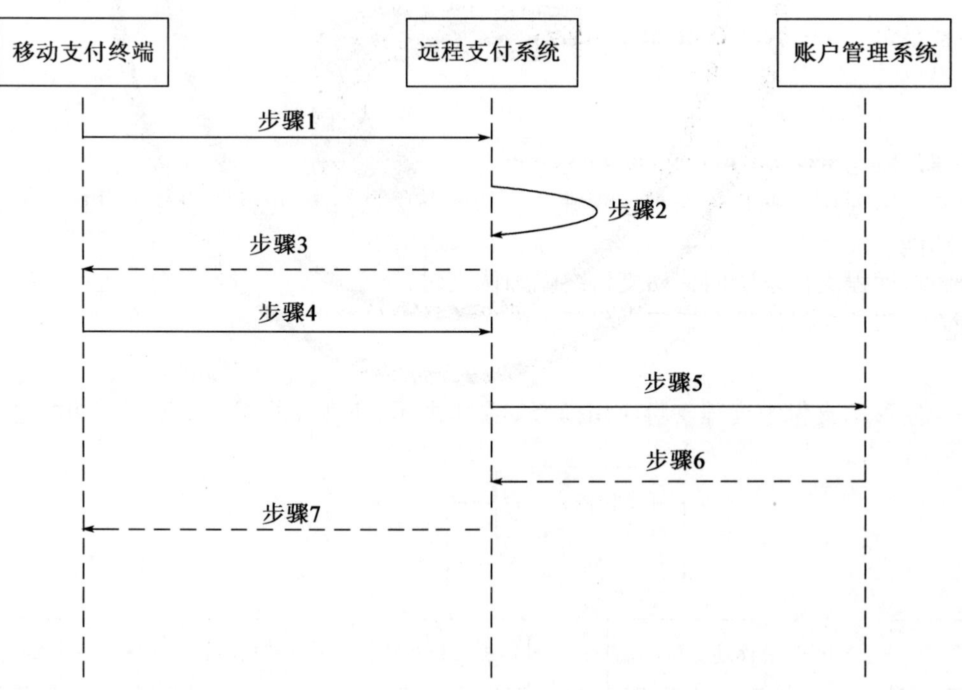

注1:实线箭头表示交易请求。

注2:虚线箭头表示交易请求的返回结果。

图2 用户注册交互流程

5.2 账户查询

5.2.1 一般要求

移动支付终端通过远程支付系统与账户管理系统进行交互,获取账户管理系统的账户信息(如账户余额等)。

5.2.2 交易模型

账户查询交易模型如图3所示,交易步骤如下:

a) 步骤1:用户通过移动支付终端向远程支付系统发起查询请求;
b) 步骤2:远程支付系统向账户管理系统转发查询请求;
c) 步骤3:账户管理系统将查询结果返回给远程支付系统;
d) 步骤4:远程支付系统将查询结果返回给移动支付终端。

图3 账户查询交易模型

5.3 消费

5.3.1 一般要求

用户通过移动支付终端在支付内容平台上订购商品或服务,并确认付款的支付交易。

5.3.2 交易模型

消费交易模型如图4所示,消费交易步骤如下:

a) 步骤1:用户通过移动支付终端在支付内容平台订购商品或服务;
b) 步骤2:支付内容平台向移动支付终端发送确认订单,同时咨询支付方式;
c) 步骤3:移动支付终端向支付内容平台确认支付方式;
d) 步骤4:支付内容平台向远程支付系统发送支付请求;
e) 步骤5:远程支付系统向移动支付终端确认支付;
f) 步骤6:移动支付终端向远程支付系统发送确认支付消息;
g) 步骤7:远程支付系统向账户管理系统发送支付请求;
h) 步骤8:账户管理系统向远程支付系统回复支付应答;
i) 步骤9:远程支付系统向支付内容平台回复支付结果;
j) 步骤10:支付内容平台向移动支付终端发送订购成功通知。

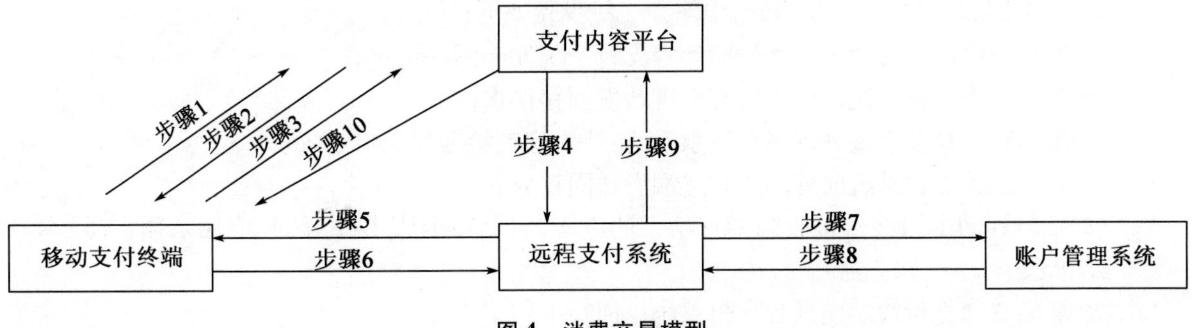

图4 消费交易模型

5.4 转账

5.4.1 一般要求

在远程支付中,用户通过移动支付终端使用账户为其他账户转账。

5.4.2 交易模型

转账的交易模型如图5所示,转账交易步骤如下:

a) 步骤1:移动支付终端向远程支付系统发起从个人账户为其他账户转账的交易请求;
b) 步骤2:异地互联互通转账,远程支付系统向转接清算系统发起转账请求;本地转账直接向账户管理系统发起转账请求;
c) 步骤3:异地互联互通转账,转接清算系统向账户系统发起转出请求;
d) 步骤4:异地互联互通转账,转接清算系统收到账户系统的转出应答响应;
e) 步骤5:异地互联互通转账,转接清算系统向账户系统发起转入请求;
f) 步骤6:异地互联互通转账,转接清算系统收到账户系统的转入应答响应;
g) 步骤7:异地互联互通转账,远程支付系统接收转接清算系统的交易应答响应;本地转账由远程支付系统接收账户管理交易应答响应;
h) 步骤8:账户管理系统向远程支付系统返回结果通知应答。

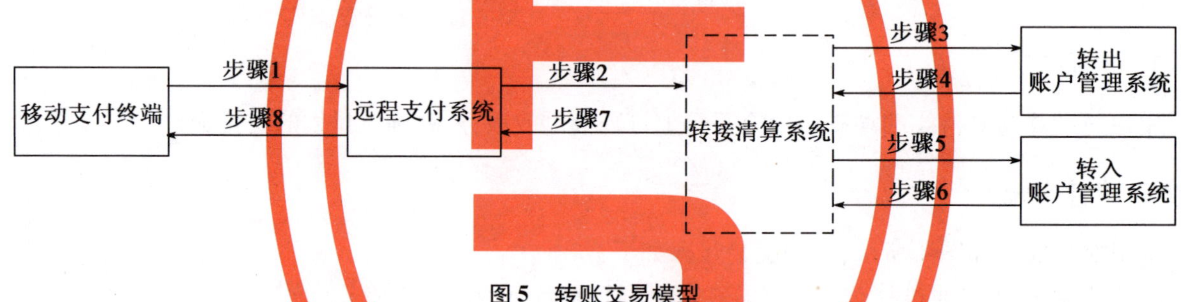

图5 转账交易模型

5.5 空中圈存

5.5.1 一般要求

由用户发起,使用银行账户或第三方账户资金,通过账户管理系统实现向移动支付终端的圈存交易。移动支付终端通过远程支付系统向账户管理系统发起圈存请求,账户管理系统处理圈存请求后,下发写卡脚本给移动支付终端改写余额。

5.5.2 交易模型

空中圈存的交易模型如图6所示,空中圈存交易步骤如下:

a) 步骤1:用户通过移动支付终端向远程支付系统发起圈存请求;
b) 步骤2:远程支付系统向账户管理系统转发圈存请求;
c) 步骤3:账户管理系统处理圈存请求后,将结果应答给远程支付系统;
d) 步骤4:远程支付系统向移动支付终端发送圈存应答;
e) 步骤5:移动支付终端接收到圈存结果的应答,启动写卡脚本改写SE应用余额,并显示最终结果;
f) 步骤6:移动支付终端向远程支付系统返回写卡结果。

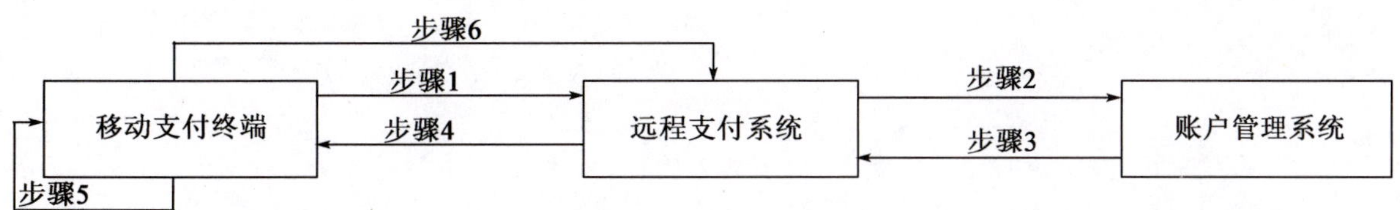

图6　空中圈存交易模型

5.6　冲正

5.6.1　一般要求

用户通过移动支付终端发起圈存交易失败，远程支付系统在确认后应发起冲正交易，将账户管理系统中后台账户余额冲正为圈存前余额。

5.6.2　交易模型

冲正的交易模型如图7所示，冲正交易步骤如下：

a)　步骤1：移动支付终端向远程支付系统返回圈存失败的结果；

b)　步骤2：远程支付系统确认圈存失败，向账户管理系统发起冲正请求；

c)　步骤3：账户管理系统向远程支付系统返回冲正结果应答。

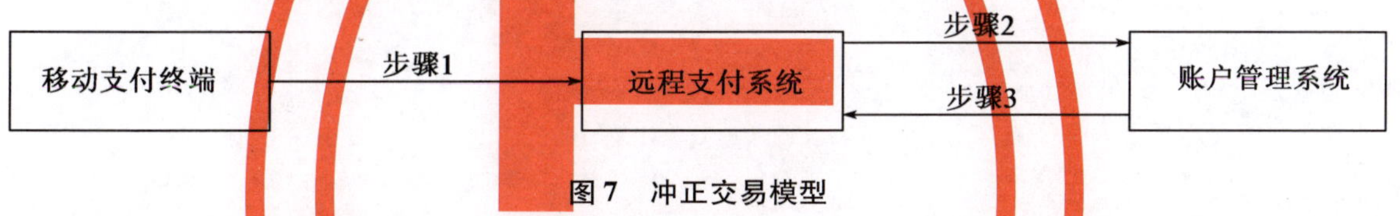

图7　冲正交易模型

5.7　异常处理

异常处理措施如下：

a)　系统节点间建立连接失败或无法向下一节点发送请求报文，重试仍不能成功，则交易失败，并应向上级节点回滚；

b)　系统节点处理请求报文出错，则交易失败，并应向上级节点回滚；

c)　系统节点处理应答报文出错或收到不合法的报文，则交易失败，应丢弃该报文并向上级节点回滚；

d)　系统节点超时未收到应答报文，应向前一个节点返回交易失败；

e)　系统节点在处理流程结束后收到应答报文，应直接丢弃该报文。

ICS 03.220.20;35.240.15
R 85
备案号:

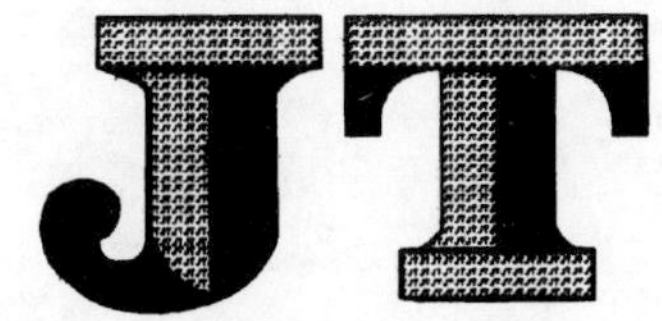

中华人民共和国交通运输行业标准

JT/T 1059.5—2016

交通一卡通移动支付技术规范 第5部分:客户端软件

Technical specification for mobile payment of transport card—
Part 5:Client software

2016-04-08 发布 2016-07-01 实施

中华人民共和国交通运输部 发布

目　次

前　　言

JT/T 1059《交通一卡通移动支付技术规范》分为 8 个部分：

——第 1 部分：总则；

——第 2 部分：安全单元；

——第 3 部分：近场支付；

——第 4 部分：远程支付；

——第 5 部分：客户端软件；

——第 6 部分：可信服务管理系统；

——第 7 部分：终端设备；

——第 8 部分：检测项目。

本部分为 JT/T 1059 的第 5 部分。

本部分按照 GB/T 1.1—2009 给出的规则起草。

本部分由交通运输部运输服务司提出。

本部分由交通运输信息通信及导航标准化技术委员会归口。

本部分起草单位：北京中交金卡科技有限公司、武汉天喻信息产业股份有限公司、中钞信用卡产业发展有限公司、恒宝股份有限公司、江苏公共交通一卡通有限公司、南京市市民卡有限公司、北京雷森科技发展有限公司、武汉城市一卡通有限公司。

本部分主要起草人：沈伟彬、王一路、张必成、戚亮、冀鹏昀、孟秋霞、平庆瑞、胡昶彪、李硕、惠思涌、胡汉友。

交通一卡通移动支付技术规范
第5部分:客户端软件

1 范围

JT/T 1059的本部分规定了交通一卡通移动支付中客户端软件的系统架构及功能、应用模型和安全技术要求。

本部分适用于交通一卡通移动支付客户端软件及相关产品的设计、开发和制造。

2 规范性引用文件

下列文件对于本文件的应用是必不可少的。凡是注日期的引用文件,仅注日期的版本适用于本文件。凡是不注日期的引用文件,其最新版本(包括所有的修改单)适用于本文件。

JT/T 978(所有部分) 城市公共交通IC卡技术规范

JT/T 1059.1 交通一卡通移动支付技术规范 第1部分:总则

JT/T 1059.4—2016 交通一卡通移动支付技术规范 第4部分:远程支付

JT/T 1059.6—2016 交通一卡通移动支付技术规范 第6部分:可信服务管理系统

3 术语和定义

JT/T 978和JT/T 1059.1界定的术语和定义适用于本文件。

4 缩略语

下列缩略语适用于本文件。

APDU——应用协议数据单元(Application Protocol Data Unit)

API——应用程序接口(Application Programming Interface)

ECC——椭圆曲线加密算法(Elliptic Curves Cryptography)

HTTP——超文本传输协议(HyperText Transfer Protocol)

IPSec——因特网安全协议(Internet Protocol Security)

MAC——报文鉴别码(Message Authentication Code)

OS——操作系统(Operating System)

SE——安全单元(Secure Element)

SM2——SM2椭圆曲线公钥密码算法(Public Key Cryptographic Algorithm SM2 Based on Elliptic Curves)

SSL——安全套接字层(Secure Socket Layer)

SWP——单线传输协议(Single Wire Protocol)

TLS——传输层安全协议(Transport Layer Security)

TSD——交通一卡通辅助安全域(Transport Security Domain)

TSM——可信服务管理(Trusted Service Management)

(U)SIM——通用用户身份识别模块(Universal)(Subscriber Identity Module)

WAP——无线应用通信协议(Wireless Application Protocol)

WTLS——无线传输层安全协议(Wireless Transport Layer Security)

5 系统架构及功能

5.1 系统架构

5.1.1 一般要求

客户端软件可分为基于SE的客户端软件、无SE的客户端软件和SE内嵌的支付软件三种类型。三种客户端软件的系统架构各不相同。

5.1.2 基于SE的客户端软件

5.1.2.1 基于SE的客户端软件运行在移动支付终端操作系统中,通过SE对交易敏感信息等加密,并与远程支付系统建立通信连接,完成支付相关功能,软件系统架构如图1所示。

客户端	支付应用软件层
HTTP、WAP、SSL、TLS、WTLS等	网络协议层
Android/IOS/Windows Phone/Symbian等	操作系统层
SE	物理设备层

图1 基于SE的客户端软件系统架构

5.1.2.2 基于SE的客户端软件系统架构可划分为:

a) 支付应用软件层:客户端软件直接面向用户,通过各种形式的图形化操作界面,为用户提供方便快捷的支付服务;

b) 网络协议层:为客户端提供基础的网络协议服务,包括各种安全通信协议SSL、TLS、WTLS等,也可根据客户端需求提供定制化的专用网络协议;

c) 操作系统层:为客户端软件运行提供基础平台,包括Android、IOS等移动支付终端操作系统;

d) 物理设备层:SE内部安全域应存储密钥、数字证书等机密信息,并为客户端提供交易敏感信息加密处理等安全功能。

5.1.3 无SE的客户端软件

5.1.3.1 客户端软件运行在移动支付终端操作系统中,与远程支付系统建立通信连接,完成支付相关功能,其中交易敏感信息加密由客户端软件完成,软件系统架构如图2所示。

5.1.3.2 基于无SE的客户端软件系统架构各层可划分为:

a) 支付应用软件:客户端软件直接面向用户,应通过各种形式的图形化操作界面,为用户提供方便快捷的支付服务;

b) 网络协议层:为客户端提供基础的网络协议服务,包括各种安全通信协议SSL、TLS、WTLS等,也可根据客户端需求提供定制化的专用网络协议;

c) 操作系统层：为客户端软件运行提供基础平台，包括如 Android、IOS 等移动支付终端操作系统。

客户端	支付应用软件层
HTTP、WAP、SSL、TLS、WTLS等	网络协议层
Android/IOS/Windows Phone/Symbian等	操作系统层

图 2 无 SE 的客户端软件系统架构

5.1.4 SE 内嵌的支付软件

5.1.4.1 SE 内嵌支付软件运行在 SE 操作系统中，SE 操作系统通过标准 APDU 指令实现 SE 内嵌支付软件和 SE 之间的交互。软件系统架构如图 3 所示。

应用菜单	应用界面层
APDU指令	传输协议层
SE操作系统	操作系统层
SE	物理设备层

图 3 SE 内嵌支付软件的软件系统架构

5.1.4.2 SE 内嵌的支付软件架构各层划分为：

a) 应用界面层：应用界面层是与用户直接交互的功能层，基于客户端软件以菜单的模式为用户提供移动支付应用。根据用户需求，应用层应可以支持空中下载技术（OTA）技术实现应用软件空中下载及升级服务。

b) 传输协议层：传输协议层作为应用界面层和操作系统层间的桥梁，应通过标准 APDU 指令实现两者之间的交互。

c) 操作系统层：为 SE 内嵌支付软件运行提供基础平台，负责解析所有应用指令并进行处理，提供基础的安全服务。

d) 物理设备层：为客户端软件安全服务的硬件基础，为上层应用提供基础的认证及加解密硬件资源。

5.2 基本功能与流程

5.2.1 用户注册

5.2.1.1 功能定义

客户端通过用户界面收集用户信息，向远程支付平台发起用户注册请求。

5.2.1.2 界面要求

应向用户显示注册结果界面。

5.2.1.3 交互流程

交互流程应符合 JT/T 1059.4—2016 中5.1 的规定。

5.2.2 SE 初始化

5.2.2.1 功能定义

SE 初始化是指用户通过客户端向 TSM 发起请求,并实现 TSD 创建初始化的过程。

5.2.2.2 界面要求

界面应给出注册过程或结果提示。

5.2.2.3 交互流程

交互流程应符合 JT/T 1059.6—2016 中6.7 的规定。

5.2.3 应用查询

5.2.3.1 功能定义

用户通过客户端向 TSM 发起查询请求,获得可下载的应用列表。

5.2.3.2 界面要求

应向用户显示 TSM 上可下载的应用列表。

5.2.3.3 交互流程

交互流程应符合 JT/T 1059.6—2016 中6.9 的规定。

5.2.4 应用下载

5.2.4.1 功能定义

用户通过客户端向 TSM 发送下载请求,从 TSM 下载应用到本地。

5.2.4.2 界面要求

如等待时间过长或下载失败,应给出用户友好提示。

5.2.4.3 交互流程

交互流程应符合 JT/T 1059.6—2016 中7.6.2 的规定。

5.2.5 应用删除

5.2.5.1 功能定义

用户通过客户端查看 SE 中已经下载的应用列表,删除选中的应用。

5.2.5.2 界面要求

如等待时间过长或删除失败,应给用户友好提示。

5.2.5.3 交互流程

交互流程应符合 JT/T 1059.6—2016 中7.6.3 的规定。

5.2.6 默认应用设置

5.2.6.1 功能定义

用户应能通过客户端对 SE 中的默认应用(支付交易时的默认应用)进行修改设置。

5.2.6.2 界面要求

由于近场支付不再对默认应用进行提醒(如乘公交等),因此客户端修改默认应用前,界面应给出让用户进行二次确认的友好提示。

5.2.6.3 交互流程

默认应用设置的交互流程如图4 所示,交互的步骤如下:

a） 步骤1：客户端请求TSM平台查询账户列表；

b） 步骤2：返回选择结果，若查询失败，则客户端读取本地列表信息；

c） 步骤3：客户端读所有已安装的账户和默认账户信息显示给用户；

d） 步骤4：要求用户设置其中一个账户为默认账户；

e） 步骤5：向用户显示所有已安装账户及设置的默认账户。

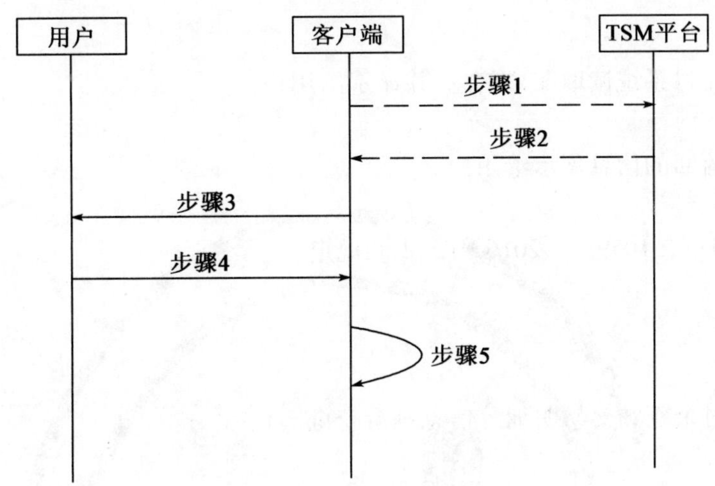

注1：实线表示默认应用设置交互流程的步骤。

注2：虚线表示实体间可跨接多个系统。

图4 默认应用设置流程

5.2.7 消费

5.2.7.1 功能定义

消费交易是用户在支付内容平台上选购商品或服务后，通过客户端确认付款的支付流程。

5.2.7.2 界面要求

支付前宜向用户显示核心订单信息，如商户名称、商品名称、交易金额等，供用户二次确认。

5.2.7.3 交互流程

交互流程应符合JT/T 1059.4—2016中5.3的规定。

5.2.8 空中圈存

5.2.8.1 功能定义

用户使用客户端，通过远程支付系统给交通应用充值。

5.2.8.2 界面要求

圈存前，宜向用户显示核心交易信息，如账户号、交易金额等，供用户确认。圈存完成后，应向用户显示圈存结果。

5.2.8.3 交互流程

交互流程应符合JT/T 1059.4—2016中5.5的规定。

5.2.9 转账

5.2.9.1 功能定义

用户使用客户端，通过远程支付系统对账户管理系统进行转账操作。互联互通的异地账户需转接清算系统，本地转账交易不需转接。

5.2.9.2 界面要求

转账前,应向用户显示转账信息,如账户号和转账金额等,供用户确认。

5.2.9.3 交互流程

交互流程应符合 JT/T 1059.4—2016 中 5.4 的规定。

5.2.10 账户查询

5.2.10.1 功能定义

客户端通过远程支付系统读取账户信息,并显示给用户。

5.2.10.2 界面要求

客户端宜将账户返回的信息展示给用户。

5.2.10.3 交互流程

交互流程应符合 JT/T 1059.4—2016 中 5.2 的规定。

5.2.11 信息查询

5.2.11.1 功能定义

用户通过客户端对余额和交易明细等信息进行查询。

5.2.11.2 界面要求

在查询信息前,选择相应的交通一卡通移动支付应用;用户选择应用后,界面应展示应用的余额、交易明细等信息。

5.2.11.3 交互流程

信息查询的交互流程如图 5 所示,交互的步骤如下:

a) 步骤 1:客户端选择交通一卡通移动支付应用;

b) 步骤 2:SE 返回该应用的详细信息;

c) 步骤 3:客户端展示所有的信息显示给用户。

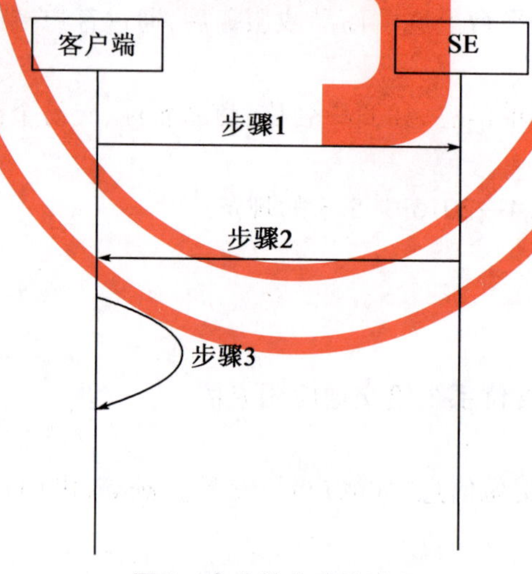

图 5 卡片信息查询流程

5.2.12 密码管理

5.2.12.1 功能定义

密码管理是指用户通过客户端对登录密码进行管理,包括密码修改和密码找回两项功能。密码修改需要用户提供原密码进行验证。密码找回需用户输入客户端用户注册时填写的注册信息(如邮箱)。新密码信息由后台服务器直接发送到用户注册时填写的邮箱。

5.2.12.2 界面要求

应向用户显示修改密码和找回密码的界面,提供相关信息的输入界面。

5.2.12.3 交互流程

密码管理交互流程如图6所示,交互的步骤如下:

a) 步骤1:移动支付终端向远程支付系统发送密码管理请求;
b) 步骤2:远程支付系统向用户注册邮箱发送验证信息;
c) 步骤3:用户邮箱将验证结果返回远程支付系统;
d) 步骤4:远程支付系统验证成功将验证结果返回移动支付终端;
e) 步骤5:用户在移动支付终端输入新密码,并请求保存;
f) 步骤6:远程支付系统保存用户密码信息;
g) 步骤7:远程支付系统将密码保存结果返回移动支付终端。

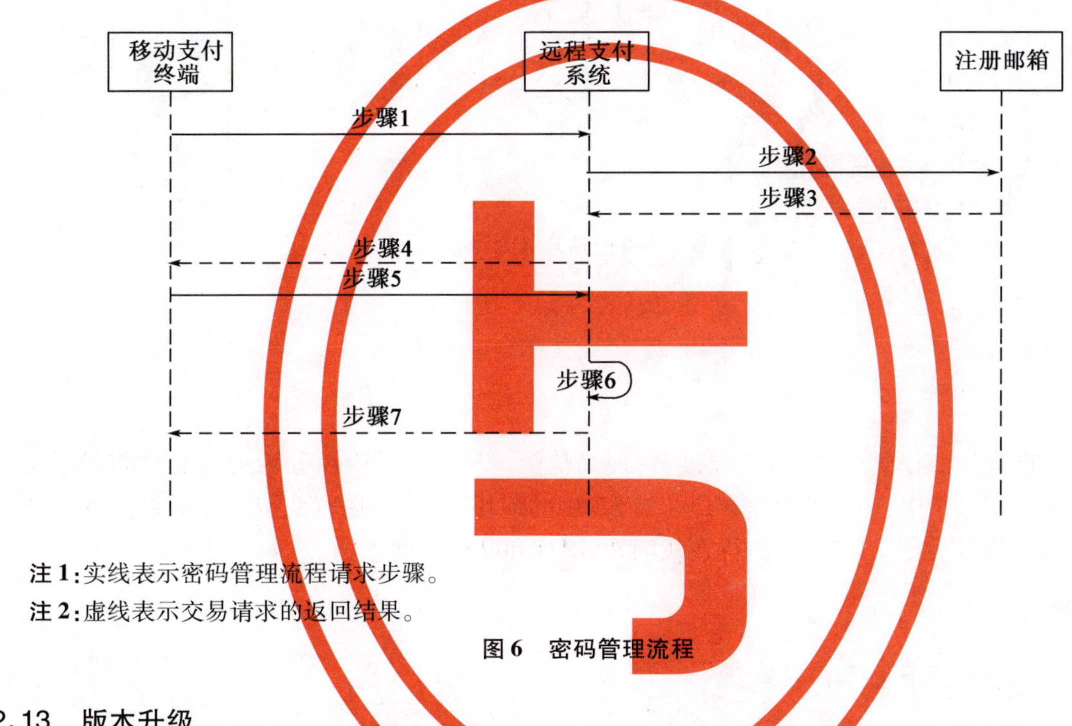

注1:实线表示密码管理流程请求步骤。
注2:虚线表示交易请求的返回结果。

图6 密码管理流程

5.2.13 版本升级

5.2.13.1 功能定义

客户端具备版本在线检测和升级功能。

5.2.13.2 界面要求

客户端升级前,宜向用户显示新版本特性说明。对于强制升级,应向用户说明强制升级的原因。

5.2.13.3 交互流程

版本升级交互流程如图7所示,交互的步骤如下:

a) 步骤1:客户端向远程支付系统发起版本更新查询请求,请求中应包含客户端当前版本号;
b) 步骤2:远程支付系统进行客户端版本查询,并将查询结果通知客户端;
c) 步骤3:客户端向用户显示版本查询结果,若有最新版本则提示用户升级,否则本流程结束;
d) 步骤4:用户确认是否升级,若放弃升级,则本流程结束;
e) 步骤5:用户确认升级,则客户端从远程支付系统发起下载请求;
f) 步骤6:远程支付系统下发最新版本;
g) 步骤7:客户端新版本下载完成后,进行覆盖安装升级。

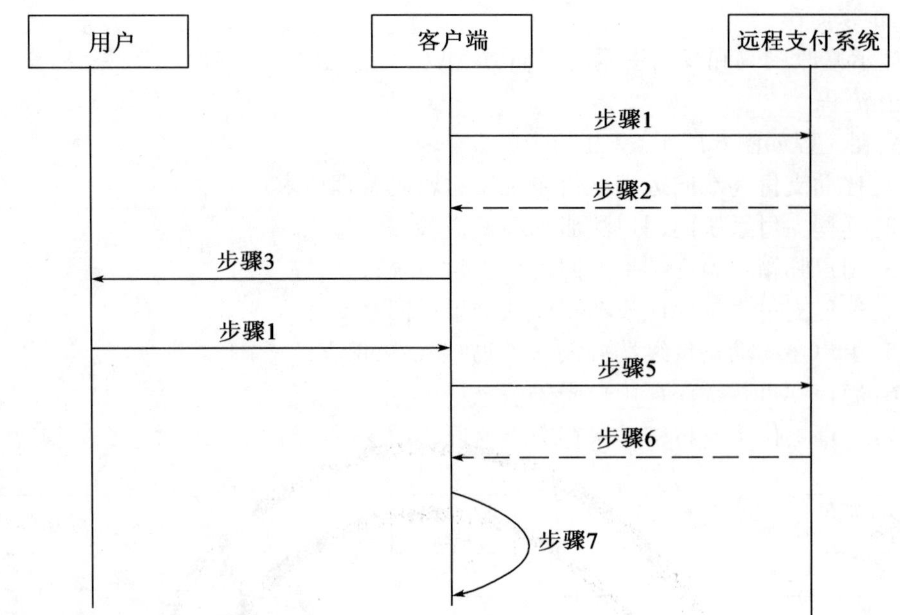

注1:实线表示客户端升级流程请求步骤。

注2:虚线表示交易请求的返回结果。

图7　客户端升级流程

6　应用模型

6.1　概述

客户端应能向用户提供支付和TSM应用管理等功能。移动支付应用分为近场支付和远程支付两大类。在近场支付应用中,用户可通过客户端对SE中的应用进行余额查询、卡片参数设置等操作。在远程支付应用中,用户可通过客户端进行在线消费、圈存和账户查询等。

6.2　模型架构

6.2.1　基于SE和无SE的客户端模型

基于SE和无SE的客户端软件与远程支付系统及TSM平台等相关系统的模型,如图8所示。

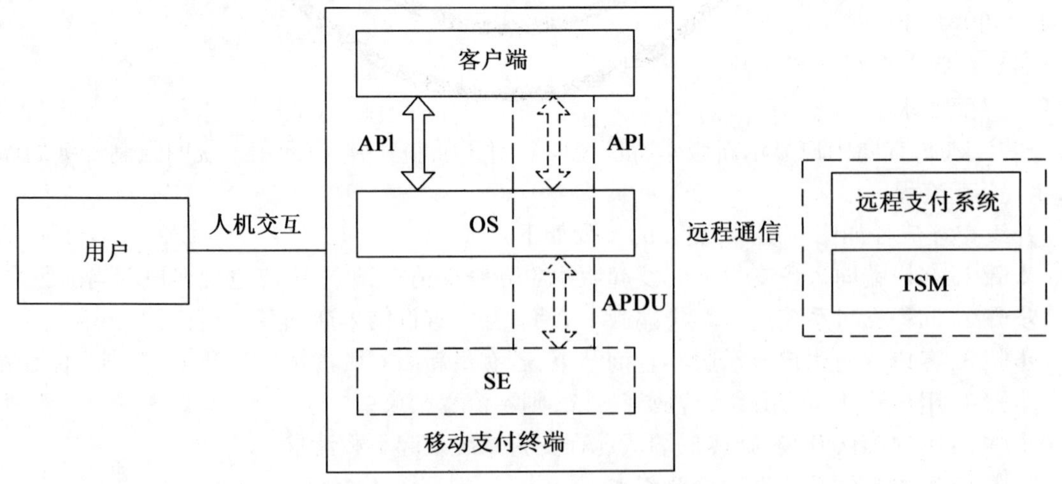

注:图中虚线部分表示模型中可涉及的交互流程。

图8　客户端与相关系统模型(基于SE和无SE)

6.2.2 外置 SE 的客户端模型

外置 SE 时客户端软件与远程支付系统及 TSM 平台等相关系统模型，如图 9 所示。

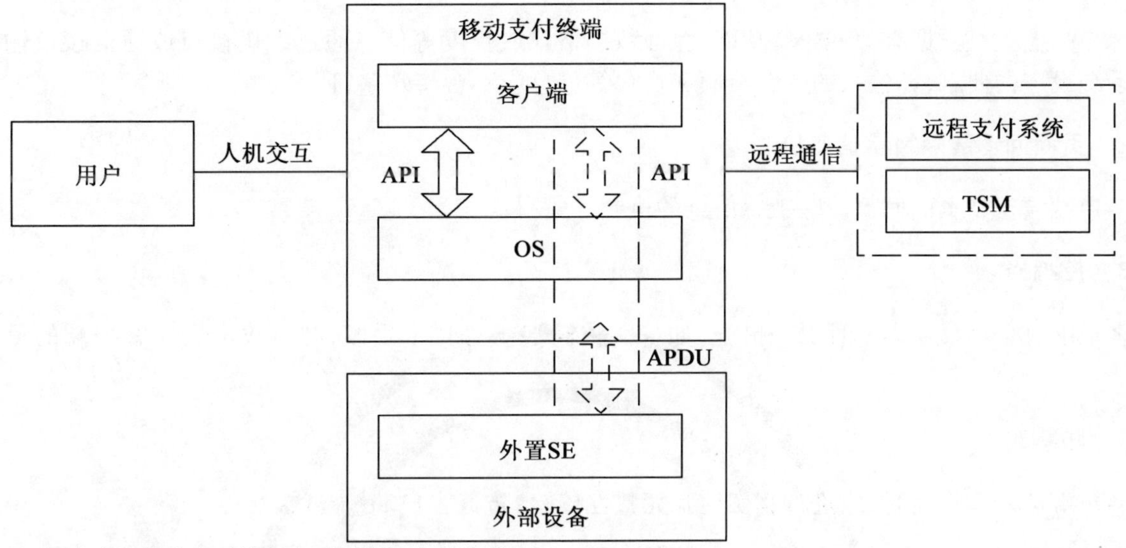

注：图中虚线部分表示模型中可涉及的交互流程。

图 9 客户端与相关系统模型(外置 SE)

7 安全技术要求

7.1 人机交互安全

7.1.1 密码管理

7.1.1.1 登录密码管理

登录密码安全管理要求如下：

a) 如需在移动支付终端本地保存，应采用密文方式；

b) 用户输入登录密码时，应提供即时加密功能；

c) 认证操作结束后应立即清除缓存，防止信息泄漏。

7.1.1.2 支付密码管理

支付密码安全管理要求如下：

a) 不应保存在移动支付终端本地；

b) 用户输入时，应提供即时加密功能，如密码键盘和动态口令等；

c) 认证操作结束后，为防止信息泄漏，应立即清除缓存。

7.1.2 认证方式

对于大额支付和重要信息修改等关键业务，除密码认证以外，客户端还应采用其他安全认证方式，如动态口令和短信认证等。

7.1.3 登录失败处理

客户端对用户登录应采取限定连续登录失败的次数，如连续登录失败多次后，则账号锁定。

7.1.4 移动支付终端交易异常处理

当客户端检测到移动支付终端交易出现异常时，应向用户提示出错信息。

7.2 软件安全

7.2.1 数据有效性校验

客户端应提供数据有效性校验功能,保证数据格式或长度等信息通过人机接口或通信接口输入时符合系统设定的要求,如输入的资金金额和账户等信息应不含特殊字符。

7.2.2 页面回退清除敏感信息机制

客户端应支持页面回退清除敏感信息的机制。

7.2.3 反编译

客户端宜采用反逆向工程保护措施,如采取代码混淆等技术手段,防范攻击者对客户端的反编译分析。

7.2.4 防篡改

客户端启动和更新时,应进行真实性和完整性校验,防范客户端被篡改。

7.3 数据安全

7.3.1 敏感数据录入

录入敏感数据时,客户端软件要求如下:

a) 应采取安全显示方式,对于密码等敏感数据不应以明文显示;
b) 宜采取防截获安全措施,保证敏感数据不被移动支付终端连接的其他设备或程序非授权获取;
c) 宜采取防篡改机制,保证数据不被移动支付终端的其他设备或程序篡改。

7.3.2 数据访问

根据业务需要,敏感数据应仅供授权用户或授权应用组件访问。

7.3.3 数据存储

对数据存储的要求如下:

a) 关键数据存储:客户端宜保留最少的用户敏感数据(如登录密码、软件证书和账户信息等),并限制数据存储量和保留时间;
b) 用户信息存储安全:客户端不应保存用户支付信息(如支付密码等)及其密文;
c) 敏感信息显示:客户端显示敏感信息时,宜屏蔽部分内容(如身份证号等);
d) 残余信息保护:客户端在使用过身份认证和交易等敏感信息后,应及时清除敏感数据。

7.3.4 数据传输

对数据传输的要求如下:

a) 远程数据传输保密性:支付密码等敏感数据通过公共网络传输时应采取加密措施,保证敏感数据传输的保密性;
b) 本地数据传输保密性:支付密码等敏感数据在本地软件其他进程间传输时应采取加密措施,保证敏感数据传输的保密性;
c) 数据传输完整性:交易数据在传输时,客户端应采取安全措施(如 MAC 等)以确保交易数据的完整性。

7.4 通信安全

7.4.1 网络通信协议

7.4.1.1 应使用加密算法和安全协议保护客户端与远程支付系统之间的连接,例如使用 SSL、TLS 或 IPSec 等协议。

7.4.1.2 如使用 SSL 协议,应使用 3.0 及以上版本的协议。

7.4.1.3 客户端到远程支付系统的 SSL 加密密钥长度应不低于 128 位,用于签名的公钥加密算法 RSA 密钥长度应不低于 1 024 位,用于签名的 ECC 长度应不低于 160 位。

7.4.2 安全认证

客户端的网络协议层应对远程支付系统进行身份认证。

7.4.3 抗抵赖

通过客户端发送的报文的关键要素应进行数字签名,以确保支付内容的真实性和不可抵赖性。

参 考 文 献

[1] GB/T 16649.4—2004 识别卡 集成电路卡 第4部分:用于交换的结构、安全和命令
[2] GB/T 16649.6—2001 识别卡 带触点的集成电路卡 第6部分:行业间数据元
[3] GB/T 17964 信息安全技术 分组密码算法的工作模式
[4] GB/T 25056 信息安全技术 证书认证系统密码及其相关安全技术规范
[5] GB/T 25064 信息安全技术 公钥基础设施 电子签名格式规范
[6] JR/T 0068—2012 网上银行系统信息安全通用规范
[7] JR/T 0088—2012 中国金融移动支付 应用基础
[8] ISO/IEC 7816-4 识别卡 带触点的集成电路卡 第4部分:交换用行业间指令

ICS 03.220.20;35.240.15
R 85
备案号:

中华人民共和国交通运输行业标准

JT/T 1059.6—2016

交通一卡通移动支付技术规范 第6部分:可信服务管理系统

Technical specification for mobile payment of transport card— Part 6: Trusted service management system

2016-04-08 发布　　2016-07-01 实施

中华人民共和国交通运输部　发布

目　次

前　言

JT/T 1059《交通一卡通移动支付技术规范》分为8个部分：

——第1部分:总则;

——第2部分:安全单元;

——第3部分:近场支付;

——第4部分:远程支付;

——第5部分:客户端软件;

——第6部分:可信服务管理系统;

——第7部分:终端设备;

——第8部分:检测项目。

本部分为JT/T 1059的第6部分。

本部分按照GB/T 1.1—2009给出的规则起草。

本部分由交通运输部运输服务司提出。

本部分由交通运输信息通信及导航标准化技术委员会归口。

本部分起草单位:北京中交金卡科技有限公司、江苏公共交通一卡通有限公司、北京市政交通一卡通有限公司、南京市市民卡有限公司、北京雷森科技发展有限公司、北京握奇数据系统有限公司、深圳市雪球科技有限公司、北京中交通联科技有限公司、武汉天喻信息产业股份有限公司、恒宝股份有限公司、北京恩安付通科技有限公司。

本部分主要起草人:王一路、康雪、肖震宇、陈文革、曾正喜、张必成、惠思涌、连莉华、冀鹏昀、孙森田、戚亮、臧宏伟、张井合、李川川、张建祥、胡昶彪、周明、郭炯光。

交通一卡通移动支付技术规范
第6部分:可信服务管理系统

1 范围

JT/T 1059 的本部分规定了交通一卡通移动支付可信服务管理系统组成及基本要求、安全要求、业务流程管理要求、平台间接口、报文公共业务组件及接口报文定义。

本部分适用于交通一卡通移动支付可信服务管理系统及相关应用系统的研发、集成和维护,相关产品的设计、开发和制造。

2 规范性引用文件

下列文件对于本文件的应用是必不可少的。凡是注日期的引用文件,仅注日期的版本适用于本文件。凡是不注日期的引用文件,其最新版本(包括所有的修改单)适用于本文件。

GB/T 20518 信息安全技术 公钥基础设施 数字证书格式

GM/T 0002 SM4 分组密码算法

GM/T 0003 SM2 椭圆曲线公钥密码算法

GM/T 0004 SM3 密码杂凑算法

JT/T 1059.1 交通一卡通移动支付技术规范 第1部分:总则

JT/T 1059.2 交通一卡通移动支付技术规范 第2部分:安全单元

3 术语和定义

JT/T 1059.1 和 JT/T 1059.2 界定的以及下列术语和定义适用于本文件。

3.1

客户端 client

用于提供用户接口界面,和安全单元配合实现安全单元管理和应用管理功能的应用软件。

3.2

交通一卡通安全域 transport security domain

负责管理其下的身份认证应用、应用发行方辅助安全域和交通一卡通移动支付应用的安全域,由交通一卡通公共服务平台持有交通一卡通安全域的管理权限。

3.3

身份认证应用 traffic identity authentication application

用于存储、管理和验证安全单元及持有人实名身份信息的应用,由交通一卡通公共服务平台持有本应用的管理及使用权限。

3.4

安全单元开放共享部件 secure element share component

安全单元中由交通一卡通公共服务平台持有的、配合交通一卡通公共服务平台实现安全单元空间和能力开放共享的部件。该部件由交通一卡通辅助安全域、身份认证应用及其权限、配置的密钥等基础数据以及可提供的功能共同组成。

3.5

安全单元开放共享服务　secure element share service

交通一卡通公共服务平台通过其持有的安全单元开放共享部件,为移动支付的各应用提供方提供安全单元中空间和能力的共享,满足各应用提供方在安全单元中合理发放应用的需求。

3.6

安全单元载体管理　secure element equipment management

多应用管理　multi-application management

安全单元中负责安全单元生命周期管理、应用生命周期管理的智能卡操作系统、软件平台、运行环境,及其上的安全域、权限、配置的密钥等基础数据以及可提供的功能等的总称。

3.7

支付账户介质识别码　payment account media identifier

唯一标识支付账户介质的代码。

4　缩略语

下列缩略语适用于本文件。

AID——应用程序标识符(Application Identifier)

APDU——应用协议数据单元(Application Protocol Data Unit)

C——国家代码(Country)

CA——数字证书认证中心(Certificate Authority)

COS——智能卡操作系统(Chip Operating System)

CN——交互性输入的名字与姓氏(Common Name)

DEK——数据加密密钥(Data Encryption Key)

DN——标识明(Distinguished Name)

L——城市或区域名称(Locality)

MAC——消息认证码(Message Authentication Code)

O——组织名称(Organization)

OU——组织单位名称(Organization Unit)

PAMID——支付账户介质识别码(Payment Account Media Identifier)

PIX——扩展的专用应用标识符(Proprietary Application Identifier Extension)

RA——用户注册中心(Registration Authority)

RCA——根证书认证机构(Root Certificate Authority)

SCP——安全通道协议(Secure Channel Protocol)

SE——安全单元(Security Element)

SEI-TSM——SE 发行方可信服务管理(SE Issuer Trusted Service Management)

S-ENC——安全通道加密密钥(S-Encryption)

S-MAC——安全通道报文认证密钥(S-Message Authentication Code)

SP-TSM——服务提供方可信服务管理(Service Provider Trusted Service Management)

SSD——辅助安全域(Supplementary Security Domain)

ST——州或省份名称(State)

TIDAA——身份认证应用(Traffic Identity Authentication Application)

T-MTPS——交通一卡通公共服务(Transport-Mobile Trustable Public Service)

TOKEN——令牌化(Tokenization)

TSD——交通一卡通安全域(Transport Security Domain)

TSM——可信服务管理(Trusted Service Management)

3DES——三重数据加密算法(Triple Data Encryption Algorithm)

5 系统组成及基本要求

5.1 系统组成

交通一卡通移动支付可信服务管理系统由 T-MTPS 平台、SEI-TSM 平台和 SP-TSM 平台三个平台共同组成,如图 1 所示。

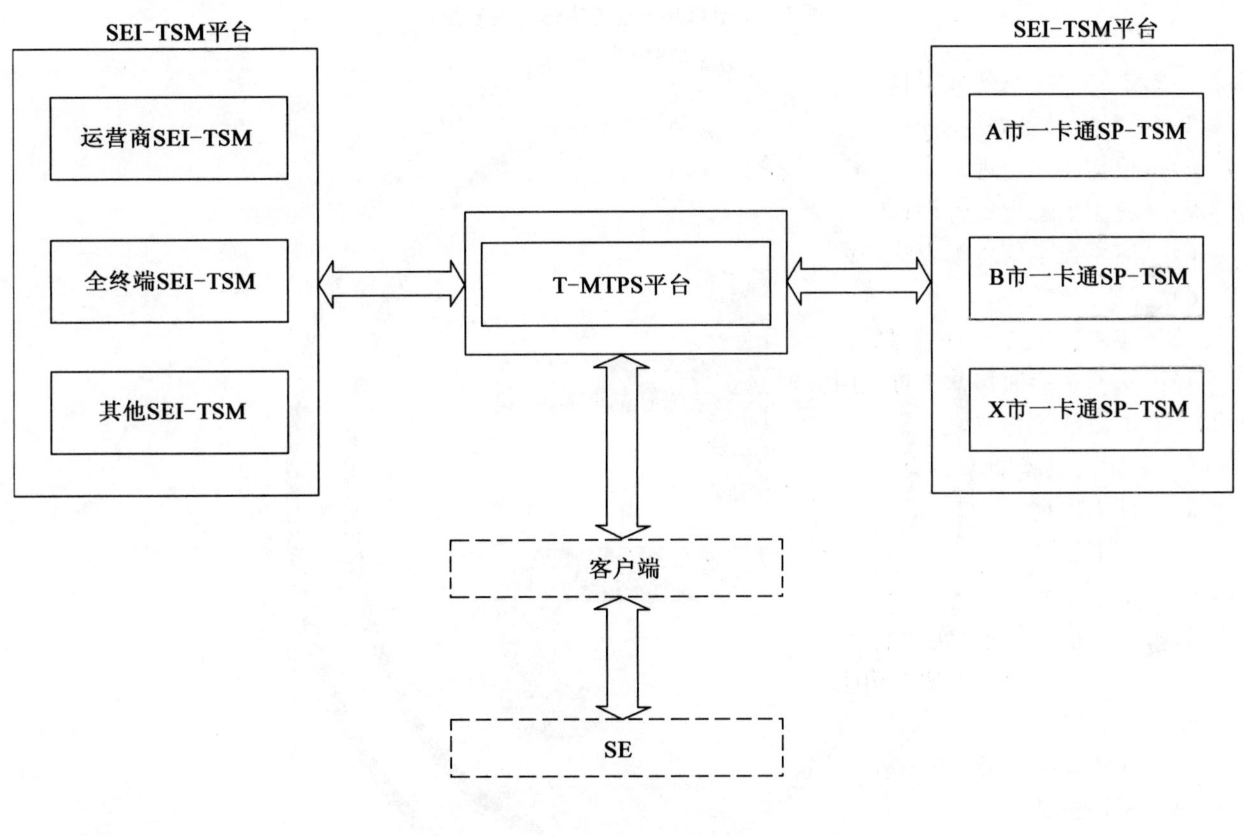

图 1 系统结构图

5.2 基本要求

5.2.1 T-MTPS 平台

5.2.1.1 概述

T-MTPS 平台是交通一卡通移动支付参与各方认可的可信第三方平台。T-MTPS 平台主要面向 TSM 平台运营方、SE 发行方、应用提供方、服务提供方和用户,负责连接 SEI-TSM 平台和 SP-TSM 平台,实现平台之间的资源共享。T-MTPS 平台应提供跨系统交互路由、应用共享、SE 可信及开放共享四项服务,实现跨系统间的交易数据、用户数据、应用数据等信息数据的传递。

5.2.1.2 平台内实体间关系及其功能

5.2.1.2.1 平台内实体间关系

密钥管理系统和 CA 系统作为 T-MTPS 平台支持系统,应实现对 T-MTPS 平台业务功能的支持,

T-MTPS 平台间关系如图 2 所示。

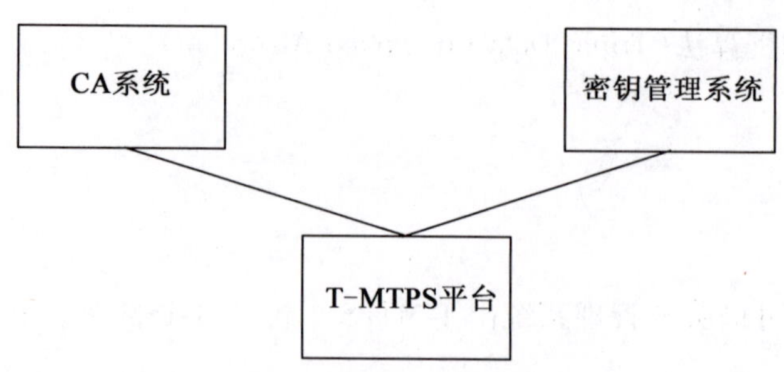

图 2　T-MTPS 平台内实体间关系图

5.2.1.2.2　T-MTPS 平台功能

T-MTPS 应具备如下功能：

a）　机构接入管理；

b）　应用信息配置管理；

c）　应用盘本信息配置管理；

d）　SE 初始化；

e）　应用提供方 SSD 管理；

f）　交通一卡通移动支付应用管理。

5.2.1.2.3　CA 系统功能

CA 系统应具备如下功能：

a）　证书申请；

b）　证书验证；

c）　证书更新。

5.2.1.2.4　密钥管理系统功能

密钥管理系统应具备如下功能：

a）　密钥申请；

b）　SCP02 会话密钥生成；

c）　密钥更新；

d）　数据转加密；

e）　3DES 加密、解密运算。

5.2.2　SEI-TSM 平台

SEI-TSM 应负责管理 SE 载体与多应用管理。其中，SE 载体管理包括 SE 的生命周期管理；多应用管理包括应用提供方管理、辅助安全域的生命周期管理、应用存储与发布、应用管理授权和应用生命周期管理。本部分不对 SEI-TSM 平台的结构进行规定，但 SEI-TSM 与 T-MTPS 平台对接流程应符合本部分要求。

5.2.3　SP-TSM 平台

SP-TSM 应负责提供对本机构自有应用进行管理的服务，确保自有应用能进行空中下载、圈存等功能需求。本部分不对 SP-TSM 的平台结构进行规定，但 SP-TSM 与 T-MTPS 平台对接流程应符合本部分要求。

6 安全要求

6.1 T-MTPS 平台安全要求

6.1.1 SE 应用下载

6.1.1.1 基本要求

在委托管理模式下应采用令牌机制进行应用下载审核。根据不同的应用下载方式，令牌主要包括用户应用的加载令牌（Load Token）、应用的安装令牌（Install Token）以及应用的迁移令牌（Extradition Token）。

用于进行 Token 计算的密钥算法为 SM2、SM3、RSA、SHA-256。

6.1.1.2 Token 计算

6.1.1.2.1 Load Token 计算

Load Token 是向卡发行者提供将应用代码装载到特定安全域的证明，计算流程如图 3 所示。

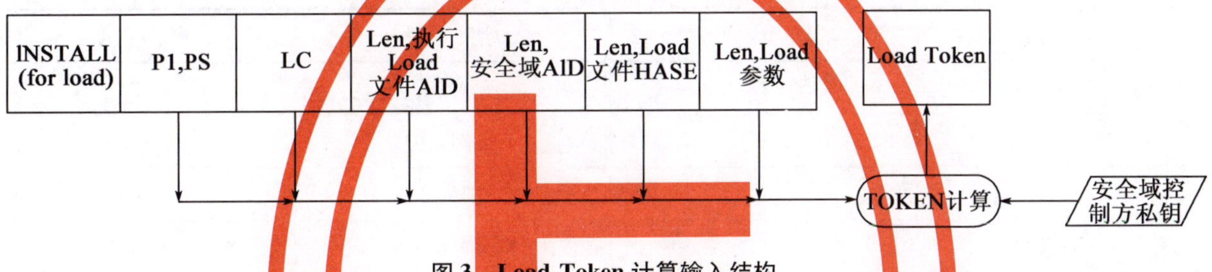

图 3 Load Token 计算输入结构

产生 Load Token 应遵循以下要求：

a） 加载文件 HASH 应包含在签名当中；

b） Load 包 AID、安全域 AID 应包含在签名当中；

c） Load Token 应由具备“令牌验证权限”的安全域提供者发行。

Load Token 输入字段见表 1。

表 1 Load Token 输入字段

字 段	长 度	字 段	长 度
P1	1	安全域 AID	5～16
P2	1	Load 文件 HASH 值长度	1
LC	1	Load 文件 HASH 值	20
Load 包 AID 长度	1	Load 参数域长度	1～2
Load 包 AID	5～16	Load 参数域	0～n，其中 TAG‘C9’前 16 字节表示为 PAMID
安全域 AID 长度	1		

6.1.1.2.2 Install Token 计算

Install Token 是向卡发行者提供将应用代码安装到特定卡上的证明，计算流程如图 4 所示。

产生 Install Token 应遵循以下要求：

a） 包 AID、类 AID、实例 AID 应包含在签名当中；

b) 只有能够通过 AID 被选择的实例,且该实例 AID 包含在签名数据当中,才能被使用;

c) 只有在签名中指定权限的应用才能安装;

d) Install Token 应由具备“令牌验证权限”的安全域提供者发行。

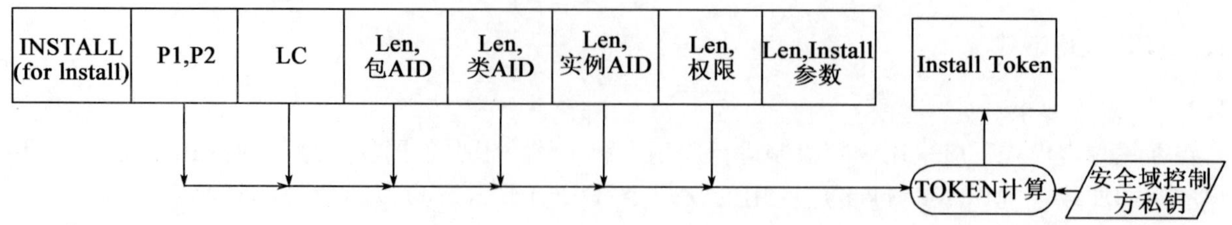

图 4 计算 Install Token 计算输入结构

Install Token 输入字段见表 2。

表 2 Install Token 输入字段

字 段	长 度	字 段	长 度
P1	1	实例 AID 长度	1
P2	1	实例 AID	5～16
LC	1	权限长度	1
包 AID 长度	1	权限(byte-1-byte2-byte3)	1 或 3
包 AID	5～16	可选参数域长度	1
类 AID 长度	1	可选参数域	0～n,其中 TAG‘C9’前 16 字节表示为 PAMID
类 AID	5～16		

6.1.1.2.3 Extradition Token 计算

Extradition Token 是授权应用从一个安全域迁移到另一个安全域的令牌,计算流程如图 5 所示。

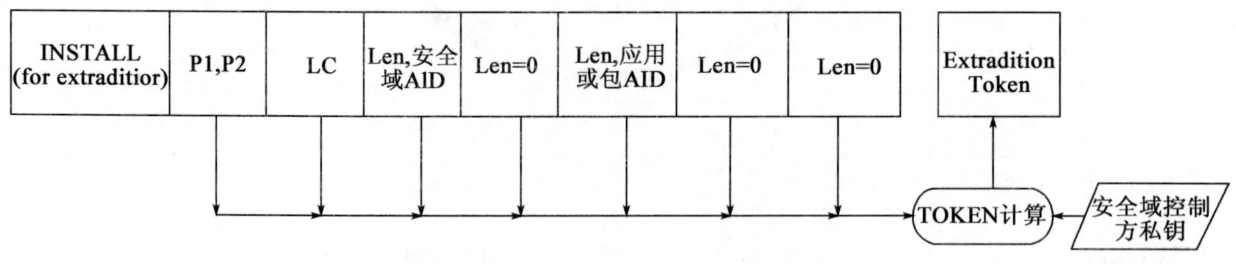

图 5 Extradition Token 计算输入结构

产生 Extradition Token 应遵循以下要求:

a) 应用或者包 AID 应包含在签名里面才可以被迁移;

b) 令牌只能由具备“令牌验证权限”的安全域提供者发行。

Extradition Token 输入字段见表 3。

表3 Extradition Token 输入字段

字　段	长　度	说　明
P1	1	强制
P2	1	强制
LC	1	强制
安全域 AID 长度	1	强制
安全域 AID	5～16	可选
Len = 0	1	强制
包 AID	5～16	强制
应用或包 AID 长度	1	强制
应用或包 AID	5～16	强制
Len = 0	1	强制
Len = 0	1	强制

6.1.2 TSM 平台与应用提供方

6.1.2.1 传输安全

通信层传输安全要求如下：

a) 应使用加密算法和安全协议保护 TSM 平台与应用提供方之间的连接，互联网传输应采用数字证书进行双向证书验证；
b) 如使用 SSL 协议，应使用 3.0 及以上相对高版本的协议，取消对低版本协议的支持；
c) TSM 平台到应用提供方的 SSL 加密密钥长度应不低于 128 位，用于签名的 RSA 密钥长度应不低于 1 024 位；
d) 定时重新协商会话密钥；
e) 对于应用方下发的个人化数据以及应用下载数据，应通过数字证书等方式确保内容不被篡改；
f) 如采用数字证书机制，数字证书应由 T-MTPS 平台端的 CA 进行统一签发。

6.1.2.2 业务数据安全

业务数据处理安全要求如下：

a) TSM 平台与应用提供方应对发送的报文关键要素进行签名加密，以供接收方校验报文的真实性及保证关键要素数据的机密性。关键要素包括但不限于应用数据下载安装指令、响应数据等。报文的接收方，使用与发送方相同的方法计算 MAC 或进行验签，并验证报文 MAC 或签名的正确性。
b) 通过互联网传输业务数据应采用数字证书保证数据的机密性和完整性。
c) 数字证书应由 T-MTPS 平台端的 CA 系统进行统一签发。

6.1.3 T-MTPS 平台与 TSM 平台间安全技术要求

T-MTPS 平台与 TSM 平台安全要求如下：

a) 应使用加密算法和安全协议保护 T-MTPS 平台与 TSM 平台之间的安全连接，通过互联网传输应进行双向数字证书验证，例如可使用 SSL/TLS 等协议；
b) 如使用 SSL 协议，应使用 3.0 及以上相对高版本的协议；
c) T-MTPS 平台与 TSM 平台的 SSL 加密密钥长度应不低于 128 位，用于签名的 RSA 密钥长度不低于 1 024 位；
d) 定时重新协商会话密钥；
e) 对于 T-MTPS 平台与 TSM 平台之间的敏感数据传输，应采用数字证书等方式确保内容的机密性和完整性；
f) 数字证书应由 T-MTPS 平台端的 CA 系统进行统一签发。

SE 的安全通道应支持 SCP02 协议，模式参数 i = ‘15’，SCP02 的密钥集定义见表 4。

表 4 SE 安全通道密钥集定义

密 钥 标 识	密钥版本‘20’	密钥版本‘21’	……	密钥版本‘2F’
	Counter 1	Counter 2	……	Counter *n*
密钥标识 1	S-ENC 1	S-ENC 2	……	S-ENC n
密钥标识 2	S-MAC 1	S-MAC 2	……	S-MAC *n*
密钥标识 3	DEK 1	DEK 2	……	DEK *n*
注：密钥版本取值范围为‘20’～‘2F’；密钥标识取值范围为‘01’～‘03’。				

6.2 密钥体系与密码算法

6.2.1 密钥体系

密钥体系包含对称密钥体系和非对称密钥体系。对称密钥体系实现对用户交易过程中敏感数据的加密和校验；非对称密钥体系实现对数字证书的应用，实现各实体间在互联网上进行传输数据的加密及签名校验。对称密钥体系和非对称密钥体系均支持国产密码算法和国际密码算法。

6.2.2 密码算法

6.2.2.1 对称算法

对称算法支持国产的 SM4 算法和国际的 3DES 算法，可用于加密运算和 MAC 机制中。

SM4 是一个分组算法，该算法的分组长度为 128 比特，密钥长度为 128 比特。加密算法与密钥扩展算法都采用 32 轮非线性迭代结构。解密算法与加密算法的结构相同，只是轮密钥的使用顺序相反，解密轮密钥是加密轮密钥的逆序。SM4 算法实现应按照 GM/T 0002 的要求。

3DES 加密是使用双长度(16 byte)密钥将 8 byte 明文数据块加密成密文数据块。

6.2.2.2 非对称算法

非对称算法支持国产的 SM2 算法和国际的 RSA 算法，可用于认证中心、SE 的签名与认证。非对称算法中私钥用于对信息的加密和签名，公钥用于加密数据的恢复与验证。

SM2 算法是一种椭圆曲线公钥密码算法，密钥位长为 m（$m = 256$）。SM2 算法实现应按照 GM/T 0003的要求。

6.2.2.3 杂凑算法

杂凑算法支持国产的 SM3 算法和国际 SHA-256 算法。杂凑算法算出的哈希值用于校验签名的交易数据的完整性。SM3 算法应按照 GM/T 0004 的要求。

6.3 CA 系统

6.3.1 系统架构

CA 系统在密码服务系统的基础之上，通过建设 CA 系统，用户注册中心 RA 提供数字证书的生产服务，实现 SE 与可信服务管理系统之间以及各系统之间的实体认证和通信安全保障。

完整的证书认证体系通常采用 RCA – CA – RA 三层构成：

a） RCA 为根认证机构；

b） CA 为数字证书认证中心，提供数字证书签发、发布、管理、撤销等服务，CA 机构签发的证书应由合法的第三方电子认证服务机构产生；

c） RA 为用户证书申请注册中心，分为远程注册中心和本地注册中心。RA 中心提供数字证书的申请注册、用户身份审核等服务。

6.3.2 CA 系统提供的服务

CA 系统主要提供如下服务：

a） 证书的签发和管理；

b） 证书撤销列表的签发和管理；

c） 证书/证书撤销列表的发布；

d） 系统自身的安全审计与安全管理；

e） 用户注册中心的设立、审核、维护及管理。

6.3.3 用户注册中心

RA 的具体功能如下：

a） 用户数字证书申请的注册受理；

b） 用户真实身份的审核；

c） 用户数字证书的申请与下载；

d） 用户数字证书的撤销与更新的受理；

e） 证书受理核发点设立的审核及管理。

6.3.4 数字证书

6.3.4.1 功能

数字证书格式为 X.509，应符合 GB/T 20518 的要求。数字证书主要实现以下功能：

a） T-MTPS 平台对 SE 实体的身份鉴别及 TSM 平台与 SE 之间数据安全的保障；

b） 对 T-MTPS 平台、业务 TSM 平台、应用提供方、终端间数据机密性和完整性的安全保障。

6.3.4.2 信息

6.3.4.2.1 数字证书中必要包含的信息包括：

a） 主体名称域中的 DN 信息；

b） 自定义扩展域中的身份信息以及 SE 安全等级信息。

6.3.4.2.2 数字证书中信息设定规则如下：

a) 主体名称域中的 DN 信息：用于唯一标识用户的 X.500 名称，通常需要设定 CN、OU、O、C 等组成部分：
   1) CN 部分：用于表示 PAMID；
   2) OU 部分：用于表示证书申请机构，如 OU = XX 机构；
   3) O 部分：用于表示 CA 系统的名称，如 O = XXCA；
   4) C 部分：用于表示用户所属国家或地区的英文简称，全部大写，如中国用户为 C = CN。
b) 自定义扩展域中的身份信息以及 SE 安全等级信息，通常需要设定证件类型、证件号码及 SE 安全等级：
   1) 证件类型(IdentityCode)：按照表 5 的规定进行标识，如个人使用身份证申请证书时的编码为 IdentityCode = 0；
   2) 证件号码(InsuranceNumber)：填写证件号码，在个人申请 SE 数字证书时有此项扩展项，如 InsuranceNumber = 110101190006162005；
   3) SE 安全等级(SESecClassified)：在 SE 注册申请证书时应填写 SE 属于某个级别的安全等级。

表5 证件类型

证件类型	编码	证件类型	编码
身份证	0	港澳居民往来内地通行证	B
护照	1	台湾居民来往大陆通行证	C
军人身份证件	2	户口簿	E
武装警察身份证件	A	其他	Z

7 业务流程管理要求

7.1 T-MTPS 平台机构接入管理

T-MTPS 平台根据 TSM 平台运营方、应用提供方和 SE 发行方等机构提交的注册申请信息为其分配机构 ID。注册完成后，T-MTPS 平台允许相应机构接入并提供服务。

7.2 应用信息配置管理

7.2.1 基本要求

T-MTPS 平台负责管理应用提供方 SSD，机构接入时提交的交通一卡通移动支付应用通过审查后，T-MTPS 平台为该应用统一分配应用 AID(包括包 AID、类 AID 和实例 AID)，并对应用的注册、测试、暂停、上线发布和下线进行管理。

7.2.2 AID 分配原则

AID 由应用提供者标识符(RID)、专有标识符、应用类型标识符、机构代码、应用编码、保留位和扩展编码构成。T-MTPS 平台统一为交通行业移动支付应用或安全域分配唯一的 AID。

参照 ISO/IEC 7816-4 的要求，T-MTPS 平台对交通行业支付应用和安全域分配的 AID 编码要求见表 6。

表6 AID 编码规则

<table>
<tr><td colspan="7">AID</td></tr>
<tr><td rowspan="3">RID[a]</td><td colspan="6">PIX</td></tr>
<tr><td colspan="4">业务/应用编码</td><td rowspan="2">保留[f]</td><td rowspan="2">扩展编码[g]</td></tr>
<tr><td>专有标识符[b]</td><td>应用类型[c]</td><td>机构代码[d]</td><td>应用编码[e]</td></tr>
<tr><td>B1 ~ B5</td><td>B6</td><td>B7 ~ B8</td><td>B9 ~ B13</td><td>B14</td><td>B15</td><td>B16</td></tr>
<tr><td>5 字节</td><td>1 字节</td><td>2 字节</td><td>5 字节</td><td>1 字节</td><td>1 字节</td><td>1 字节</td></tr>
<tr><td colspan="7">[a]取五个字节常数值(十六进制表示):A0 00 00 06 32(RID)。
[b]B6 固定为 01。
[c]000-保留;0105-电子钱包;0106-电子现金。
[d]由 T-MTPS 平台分配给应用所属机构。
[e]采用正整数编码:0x00 表示辅助安全域;0x01 表示应用。
[f]保留为将来扩展。
[g]标识 AID 的扩展信息,按位(b8 b7 b6 b5 b4 b3 b2 b1)编码,其中,b8 b7 取值:00-包 AID;01-类 AID;10-实例 AID;11-保留。</td></tr>
</table>

7.2.3 应用注册管理

7.2.3.1 T-MTPS 平台负责对所有交通一卡通移动支付应用进行注册管理。应用发行方将应用及其信息向 T-MTPS 平台提交注册申请,T-MTPS 平台审核后,为应用分配相关的 AID 资源信息,流程如图 6 所示。

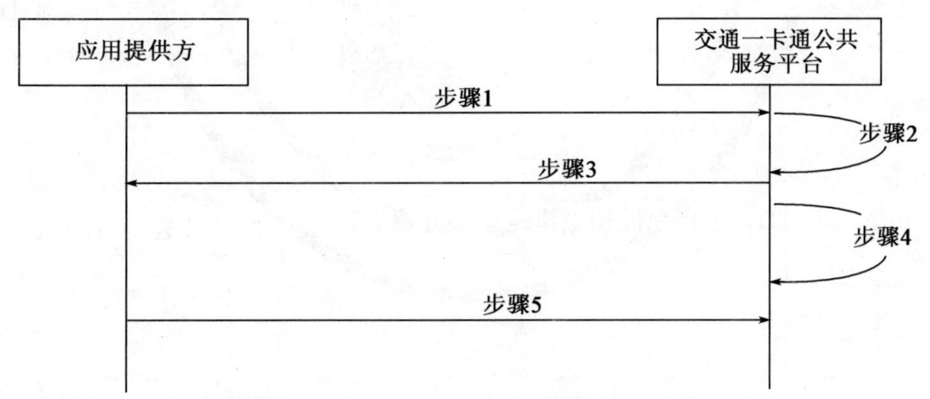

图6 应用注册管理流程图

7.2.3.2 图 6 中的步骤说明如下:

a) 步骤 1:交通一卡通应用提供方登录 T-MTPS 平台填写应用注册申请信息和提交相关材料。

b) 步骤 2:T-MTPS 平台将交通一卡通应用提供方填写的应用注册信息和相关材料信息登记入库。

c) 步骤 3:T-MTPS 平台记录填写的信息及申请材料,并向应用提供方提示操作状态。

d) 步骤 4:由人工对交通一卡通公共服务平台中的应用注册信息和相关材料信息进行审核。

e) 步骤 5:T-MTPS 平台业务管理员进行信息审核及材料审查,并为审查合格的应用分配 AID,应用提供方上传应用,登记备案。信息审核通过后业务管理员将应用状态更新为审批通过;审批通过的交通一卡通移动支付应用可以进行调测、上线发布。

7.2.4 应用状态管理

T-MTPS 平台的应用状态包括:待审批、调测、上线、暂停下载、下线和注销。各状态说明见表 7。

表 7 应用状态说明表

应用状态	说明
待审批	应用初始状态:该状态下,应用提供方提交的应用申请等待业务管理员审批
调测	该状态下,应用提供方可对申请应用进行版本配置和版本测试,应用只对测试用户可见
上线	应用的正常状态:该状态下,应用对用户可见。合作伙伴可进行新版本的配置及测试
暂停下载	应用的管理状态:该状态下,应用只对已下载用户可见(仅限删除)。应用提供方可进行新应用版本的配置及测试
下线	应用的管理状态:该状态时,应用只对已下载用户可见(仅限删除)。应用提供方不能进行新应用版本的配置及测试
注销	应用的最终状态:该状态时,应用只对已下载用户可见(仅限删除),且应用不可重新上线

7.3 应用版本信息配置管理

7.3.1 CAP 文件配置

T-MTPS 平台应具备应用下载的功能。应用发行方可将自有 CAP 文件及信息提交至 T-MTPS 平台进行配置管理或采用通用交通一卡通移动支付应用。

CAP 文件的集合称为“CAP 包”。平台以“包”为单位对 CAP 文件进行管理和控制,即同一包 AID 可以对应多个版本,每个版本对应一个 CAP 包文件,同一 SE 上不应存在同一个 AID 的多个 CAP 包文件,如图 7 所示。

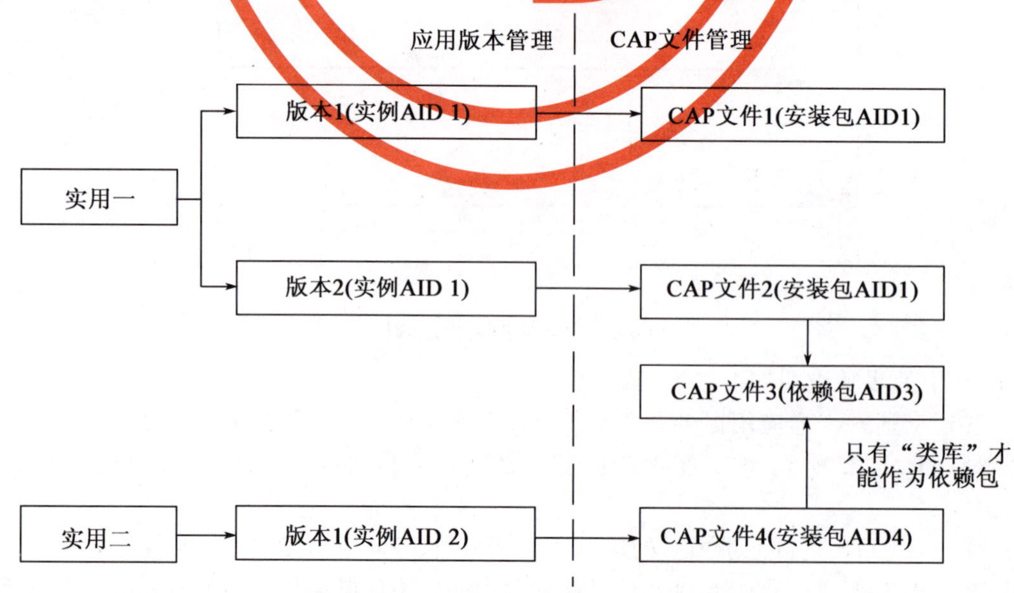

图 7 应用版本与 CAP 文件的对应关系图

交通一卡通应用发行方应提供如下配置信息：

a） 包名称；

b） 包 AID；

c） 类 AID；

d） 包版本；

e） 包描述；

f） 加载参数等。

CAP 包文件导入时，应对哈希值（HASH）进行验证，不通过验证，不允许导入。

7.3.2 应用版本信息管理

7.3.2.1 基本要求

应用版本信息管理应符合如下要求：

a） 一个应用对应多个应用版本；

b） 不同的应用版本之间互斥，即同一个应用在用户卡片上只存在一个版本；

c） 高版本的应用兼容低版本的应用。

7.3.2.2 应用版本信息

交通一卡通移动支付应用发行方在进行应用版本配置时，应提供的属性参数见表 8。

表 8 应用版本信息表

属 性 名 称	说 明
版本号	系统以此作为新旧版本的判断依据
实例 AID	一个版本应用对应一个 Applet 实例 AID，允许不同版本应用的实例 AID 相同
应用安装参数	应用安装时所需的参数信息
应用安装权限	应用所具有的权限，参见 GPCS V2.2.1 规范要求
版本简述	简要描述此版本的功能，用以在门户展现应用时使用
版本状态	用以控制应用版本发布流程管理
应用所占 RAM 空间大小	应用所占的 RAM 空间大小
应用所占 NVM 空间大小	应用所占的非挥发存储器大小

7.3.2.3 应用版本状态

应用版本状态包括待测试、测试、发布、暂停及下线。各状态说明见表 9。

表 9 应用版本状态

状 态 名 称	说 明
待测试	应用提供方和业务管理员对应用版本进行安装参数配置。配置完成后，合作伙伴向业务管理员提交应用版本测试申请
测试	测试人员对所测试的应用版本进行功能测试
发布	应用版本通过测试，经验收合格后。业务管理员将该应用版本状态置为“发布”
暂停	应用版本的管理状态。 此状态下，应用版本的配置和测试暂停。对于已发布的应用版本，不参与应用下载的用户适配环节
下线	应用版本不可用

7.4 SE 初始化

7.4.1 基本要求

TSD 和 TIDAA 在第一次下载交通一卡通应用时应进行初始化和激活。

TSD 负责其下交通一卡通应用和安全域的管理操作。TSD 安全域的初始化密钥采用两级分散体系,如图 8 所示。

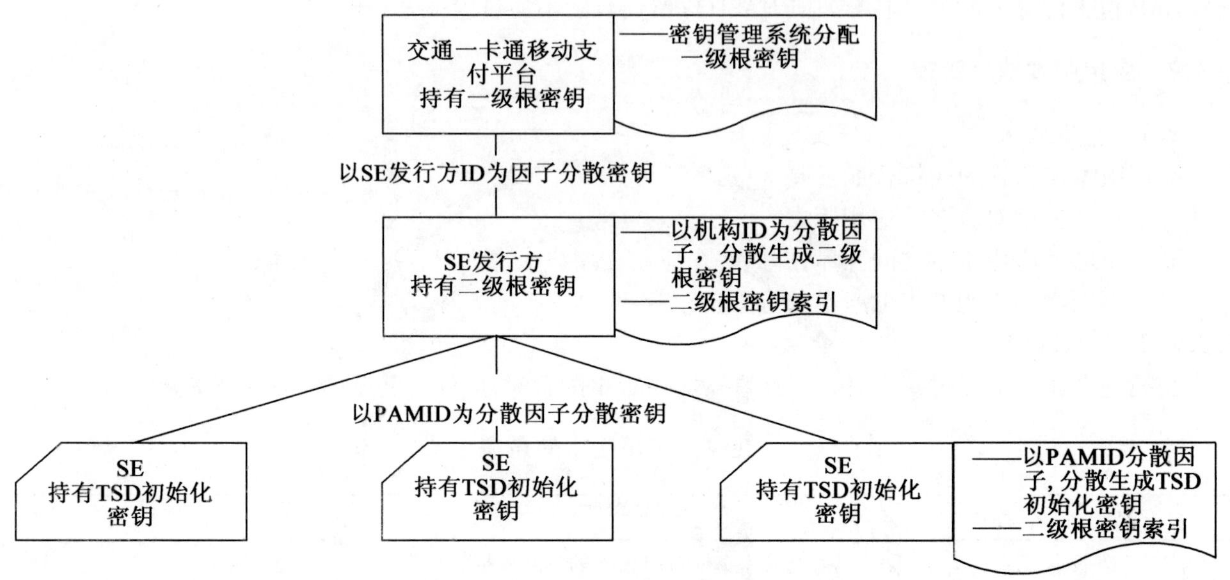

图 8 TSD 安全域初始化密钥分散体系

7.4.2 预置模式下 SE 初始化

预置模式下 SE 初始化流程如图 9 所示,预置模式下 SE 初始化步骤如下:

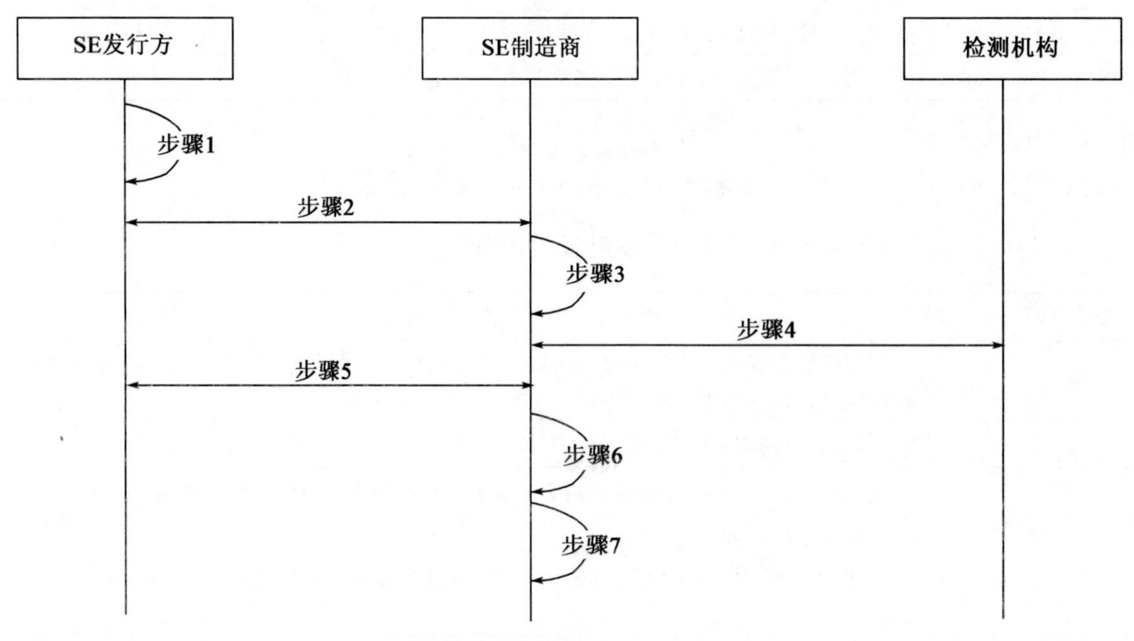

图 9 预置模式 SE 注册流程

a) 步骤1:SE发行准备,发行方准备数据;
b) 步骤2:SE发行方委托SE制造商生产;
c) 步骤3:接受委托的SE制造商完成COS灌装;
d) 步骤4:SE制造商将SE提交检测机构进行检测;
e) 步骤5:检测通过的SE向发行方获取对应分配的PAMID(PAMID一旦写入则不可进行更改操作);
f) 步骤6:SE制造商完成应用预置;
g) 步骤7:SE制造商将PAMID写入TSD进行存储,完成SE初始化。

7.4.3 空发模式下SE初始化

空发模式下SE初始化流程如图10所示,空发模式下SE初始化步骤如下:

a) 步骤1:客户端向T-MTPS平台请求获取全网应用列表;
b) 步骤2:T-MTPS平台响应全网应用查询结果;
c) 步骤3:客户端首先进行判断TSD是否创建;
d) 步骤4:如果客户端判断TSD没有创建,则向SEI-TSM平台发起TSM创建请求;
e) 步骤5:SEI-TSM平台判断TSD是否创建;
f) 步骤6:若未创建,与客户端交互完成TSD创建操作(平台生成PAMID写入TSD,PAMID一旦写入则不可进行更改操作);
g) 步骤7:SEI-TSM平台在TSD创建成功后通知T-MTPS平台;
h) 步骤8:客户端与T-MTPS平台交互完成TIDAA下载及个人化操作;
i) 步骤9:T-MTPS平台校验卡片返回结果,若执行成功则将应用的状态同步至SEI-TSM。

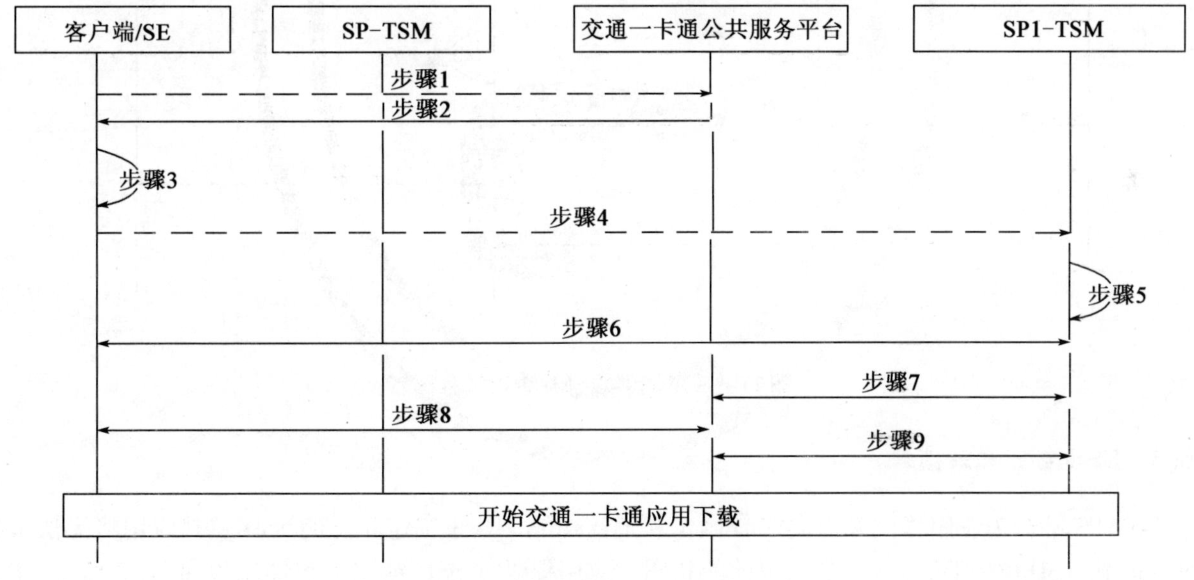

图10 空发模式SE注册流程

7.5 应用提供方SSD管理

7.5.1 基本要求

以T-MTPS平台作为可信第三方的开放共享模式中,要求SE中配置TSD。T-MTPS平台可以通过TSD安全域为交通一卡通移动支付应用提供方进行SSD的生命周期管理,包括辅助安全域的创建、删除、个人化、锁定和解锁。应用提供方SSD创建采用委托管理模式。

7.5.2 SSD 创建

TSD 负责创建 SSD。SSD 初始密钥由 T-MTPS 平台和应用提供方约定,SP－TSM 平台可以通过空中方式更新其初始密钥。SSD 创建流程如图 11 所示,创建步骤如下:

a) 步骤 1:SP-TSM 平台向 T-MTPS 平台发起安全域创建请求;
b) 步骤 2:T-MTPS 平台被授权为 DM 权限时,向 SE 所属的 SEI-TSM 平台发起 TOKEN 申请;被授权为 AM 权限时,可在通过验证后,直接进行安全域安装等步骤;
c) 步骤 3、步骤 4:SEI-TSM 平台将 TOKEN 计算结果反馈至 T-MTPS 平台;
d) 步骤 5:T-MTPS 平台组织安全域安装、初始密钥注入和 AC 规则的脚本(AC 规则的脚本为可选项);
e) 步骤 6:T-MTPS 平台将脚本发送至 SE 进行操作,并将其操作结果反馈到 T-MTPS 平台;
f) 步骤 7、步骤 8:T-MTPS 平台将安全域创建结果通知到 SEI-TSM 平台和 SP-TSM 平台。

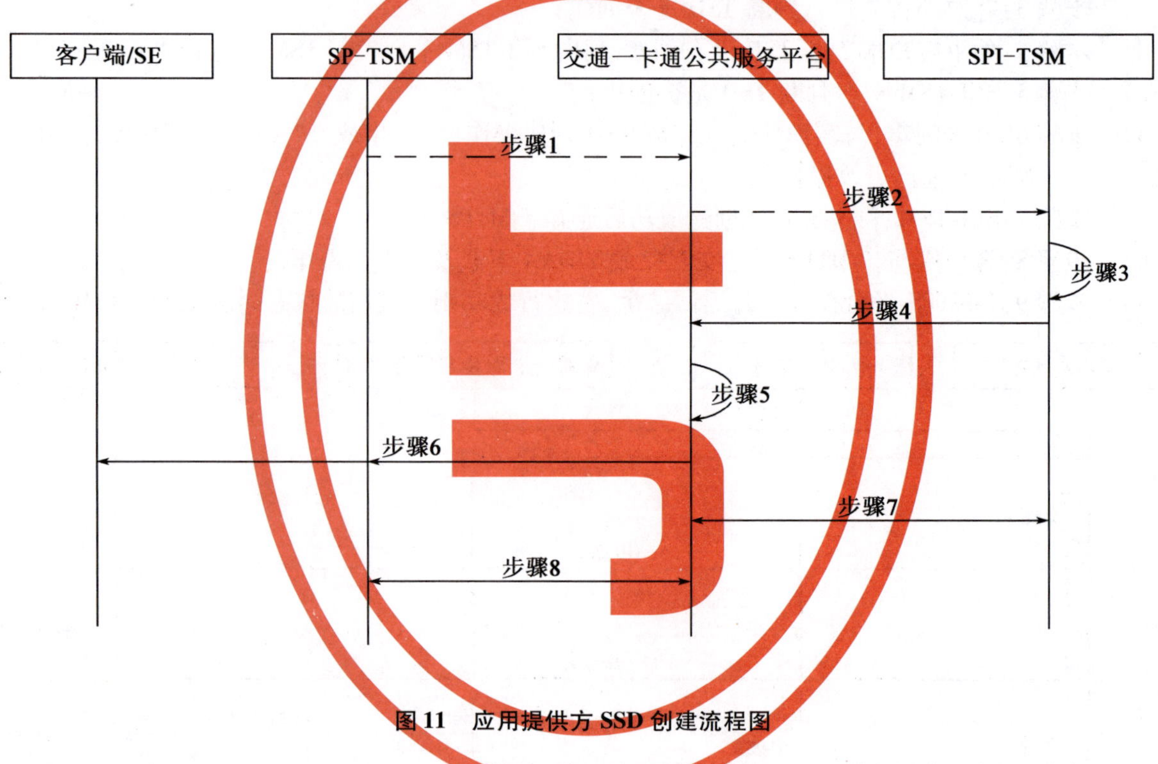

图 11 应用提供方 SSD 创建流程图

7.5.3 SSD 锁定和解锁

T-MTPS 平台为应用提供方提供 SSD 锁定和解锁功能。处于锁定状态的 SSD 及其应用将无法被操作。SSD 由 TSD 解锁后,应恢复到锁定前的状态。应用提供方 SSD 锁定和解锁流程如图 12 所示,锁定和解锁步骤如下:

a) 步骤 1:T-MTPS 平台发起安全域锁定和解锁请求;
b) 步骤 2:T-MTPS 平台组织安全域锁定和解锁脚本,并返回至客户端;
c) 步骤 3:客户端将收到的脚本透传至 SE 进行操作,并将其操作结果反馈到 T-MTPS 平台;
d) 步骤 4:T-MTPS 平台判断写卡结果并通知 SP-TSM 平台;
e) 步骤 5:T-MTPS 平台将安全域锁定和解锁结果通知到 SEI-TSM 平台。

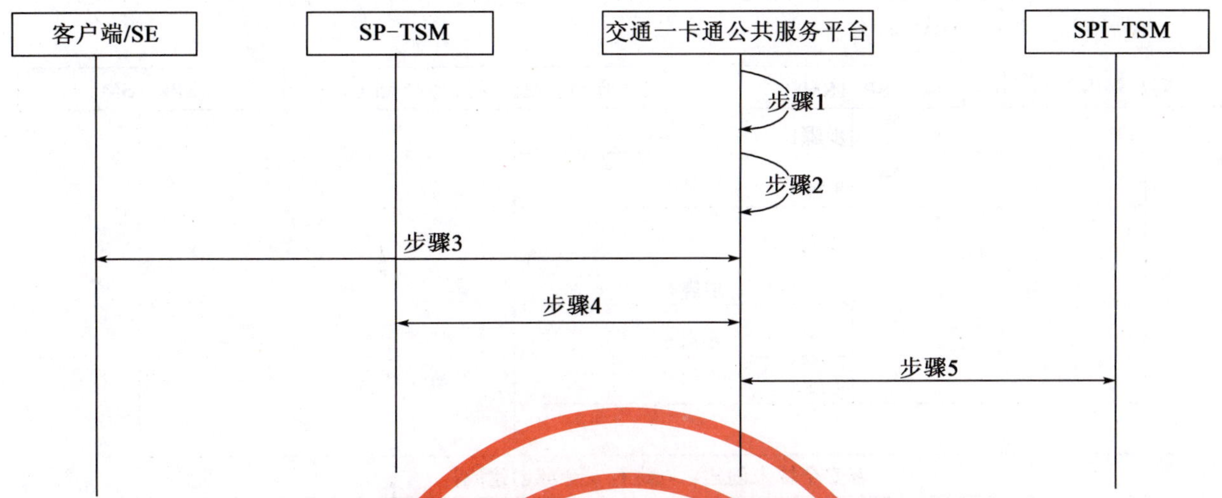

图12　应用提供方SSD锁定和解锁流程图

7.6　交通一卡通移动支付应用管理

7.6.1　基本要求

T-MTPS平台应包括应用发现和应用资源地址分发等功能，并可通过TSD对应用提供方SSD的应用进行生命周期管理，包括交通一卡通移动支付应用的下载、删除、个人化、锁定和解锁。

7.6.2　应用下载

交通一卡通移动支付应用下载流程如图13所示，步骤如下：

a）　步骤1：客户端向T-MTPS平台请求全网应用查询操作。

b）　步骤2：T-MTPS平台响应全网应用查询结果。

c）　步骤3：客户端向T-MTPS平台发起应用下载的认证申请操作。

d）　步骤4：T-MTPS平台认证申请信息转发至SP-TSM平台。

e）　步骤5、步骤6：SP-TSM平台将认证结果响应至T-MTPS平台，T-MTPS平台也将结果响应至客户端。

f）　步骤7：若应用提供方SSD不存在，则创建应用提供方SSD，流程见7.5.2节，然后由客户端向T-MTPS平台发起应用管理（下载）请求。

g）　步骤8：T-MTPS平台进行相关业务处理后响应下载请求信息。

h）　步骤9：客户端向SP-TSM平台发起应用下载请求。

i）　步骤10：SP-TSM平台向T-MTPS平台发起应用下载的TOKEN申请请求。

j）　步骤11、步骤12：T-MTPS平台被授权为DM权限时，将应用下载TOKEN申请转发到SEI-TSM平台进行计算；被授权为AM权限时，可在通过验证后，直接进行应用下载等步骤。

k）　步骤13、步骤14：SEI-TSM平台将计算结果响应至T-MTPS平台，T-MTPS平台将结果反馈至SP-TSM。

l）　步骤15、步骤16：SP-TSM平台进行应用下载操作。

m）　步骤17：客户端向T-MTPS平台发起应用管理（应用个人化）请求。

n）　步骤18：T-MTPS平台进行相关业务处理后响应应用个人化请求信息。

o）　步骤19：客户端向SP-TSM平台发起应用个人化请求。

p）　步骤20、步骤21：SP-TSM平台进行应用个人化操作。

q）　步骤22：客户端将应用个人化操作结果响应至SP-TSM平台。

r） 步骤23、步骤24:SP-TSM平台将应用个人化结果通知到T-MTPS平台,T-MTPS平台收到的结果转发到SEI-TSM平台。

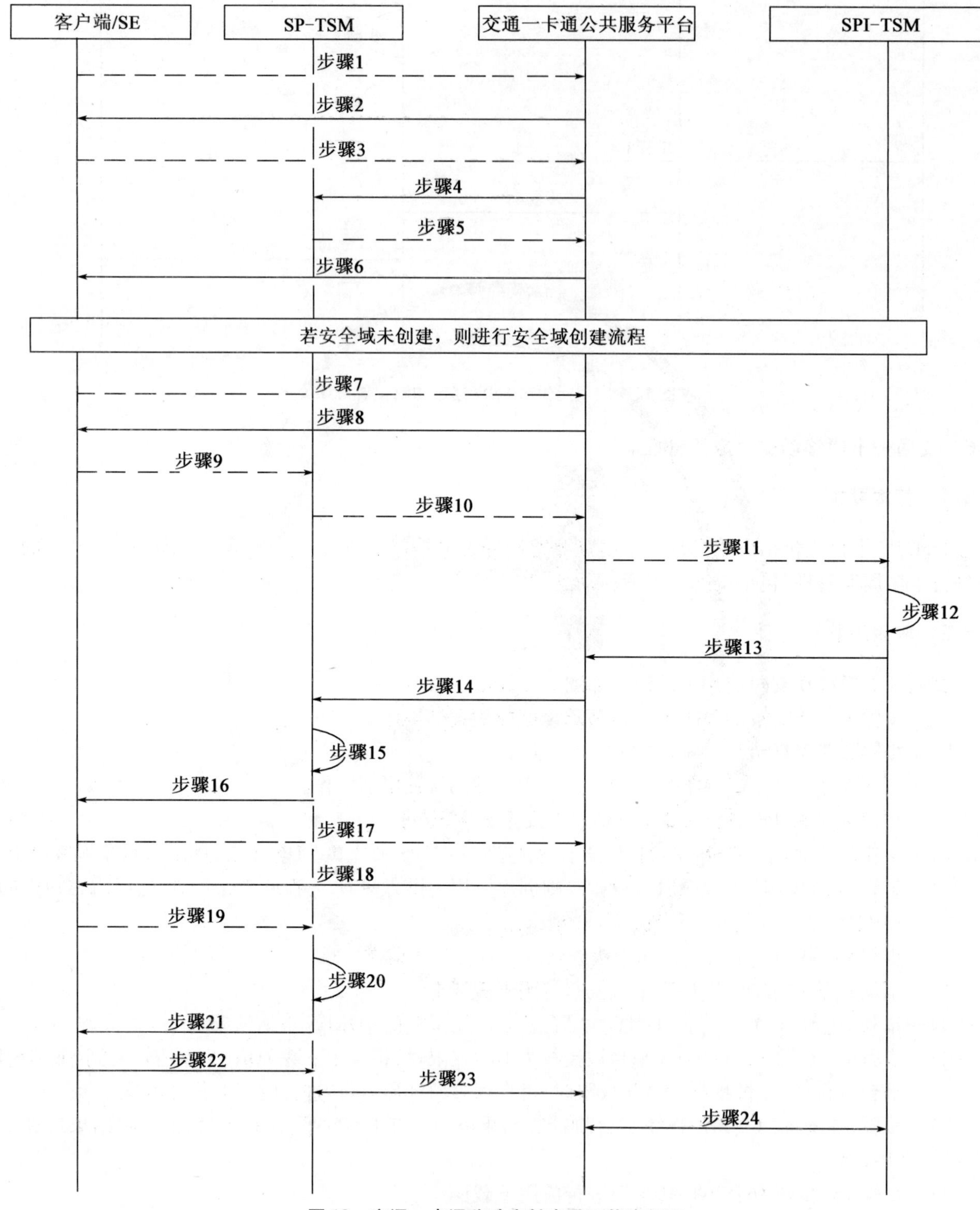

图13 交通一卡通移动支付应用下载流程图

7.6.3 应用删除

交通一卡通移动支付应用删除流程如图14所示,步骤如下:

a） 步骤1:客户端向T-MTPS平台发起应用删除请求操作。

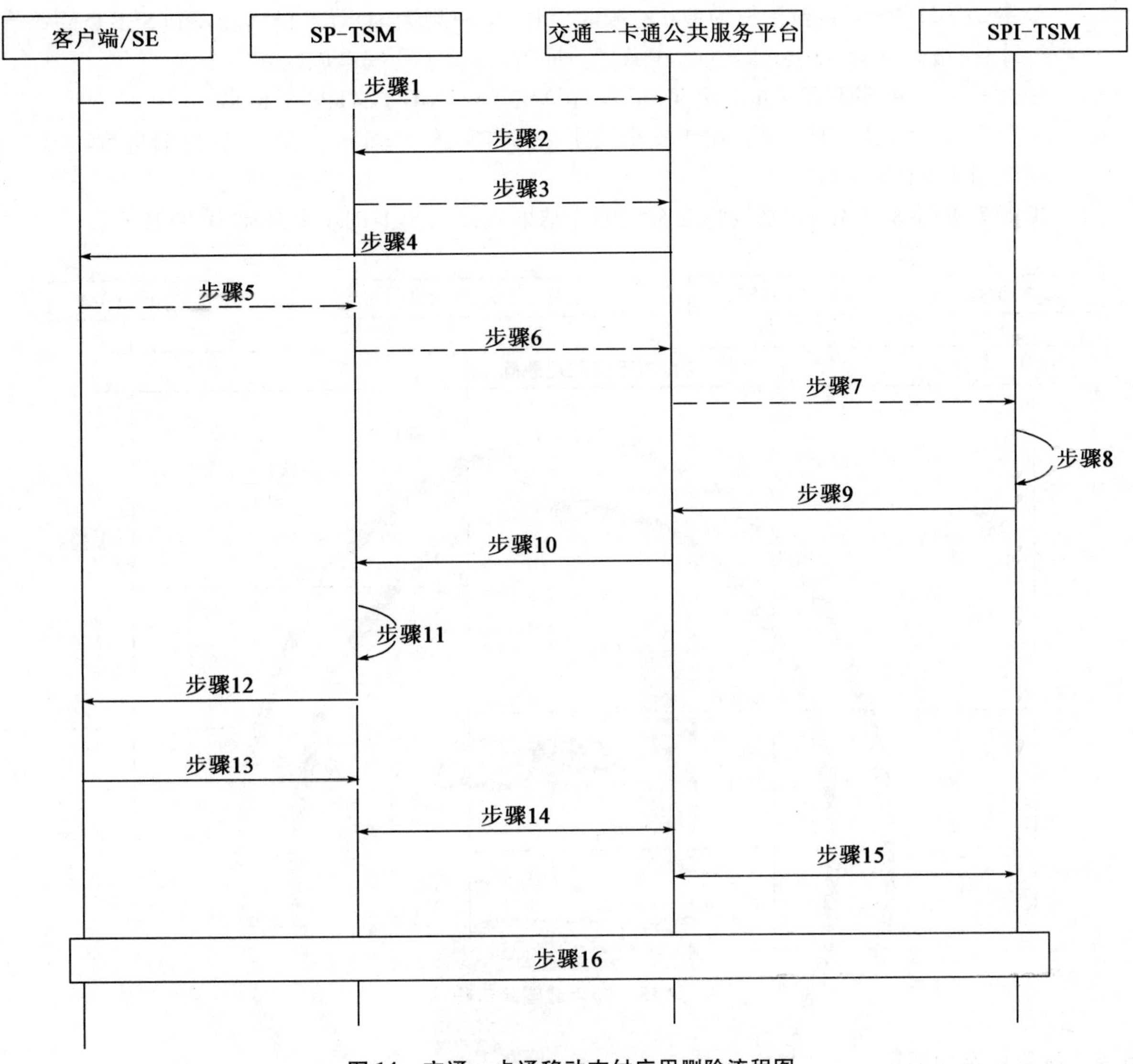

图14　交通一卡通移动支付应用删除流程图

b) 步骤2:T-MTPS 平台向 SP-TSM 平台发起应用删除认证申请操作。

c) 步骤3、步骤4:SP-TSM 平台处理后,将结果反馈至 T-MTPS 平台,T-MTPS 平台将处理结果响应至客户端。

d) 步骤5:客户端向 SP-TSM 平台发起应用删除请求操作。

e) 步骤6:SP-TSM 平台向 T-MTPS 平台发起应用下载的 TOKEN 申请请求。

f) 步骤7、步骤8:T-MTPS 平台被授权为 DM 权限时,将应用删除 TOKEN 申请转发到 SEI-TSM 平台进行计算;被授权为 AM 权限时,可在通过验证后,直接进行应用删除等步骤。

g) 步骤9、步骤10:SEI-TSM 平台将计算结果响应至 T-MTPS 平台,T-MTPS 平台将结果反馈至 SP-TSM 平台。

h) 步骤11~步骤12:SP-TSM 平台进行应用删除操作。

i) 步骤13:客户端将应用删除操作结果响应至 SP-TSM 平台。

j) 步骤14、步骤15:SP-TSM 平台将应用删除结果通知到 T-MTPS 平台,T-MTPS 平台收到的结果转发到 SEI-TSM 平台。

k) 步骤16:若要执行安全域删除流程,可按如图15所示步骤执行。

安全域删除的步骤如下:

a) 步骤1:T-MTPS 平台触发安全域删除请求。

b） 步骤2：T-MTPS 平台被授权为 DM 权限时，将安全域删除 TOKEN 申请转发到 SEI-TSM 平台进行计算；被授权为 AM 权限时，可在通过验证后，直接进行安全域删除等步骤。

c） 步骤3、步骤4：SEI-TSM 平台将 TOKEN 计算结果反馈至 T-MTPS 平台。

d） 步骤5、步骤6：T-MTPS 平台组织安全域删除脚本发送至 SE 进行操作，客户端将 SE 操作结果反馈到 T-MTPS 平台。

e） 步骤7、步骤8：T-MTPS 平台将安全域删除结果通知到 SEI-TSM 平台和 SP-TSM 平台。

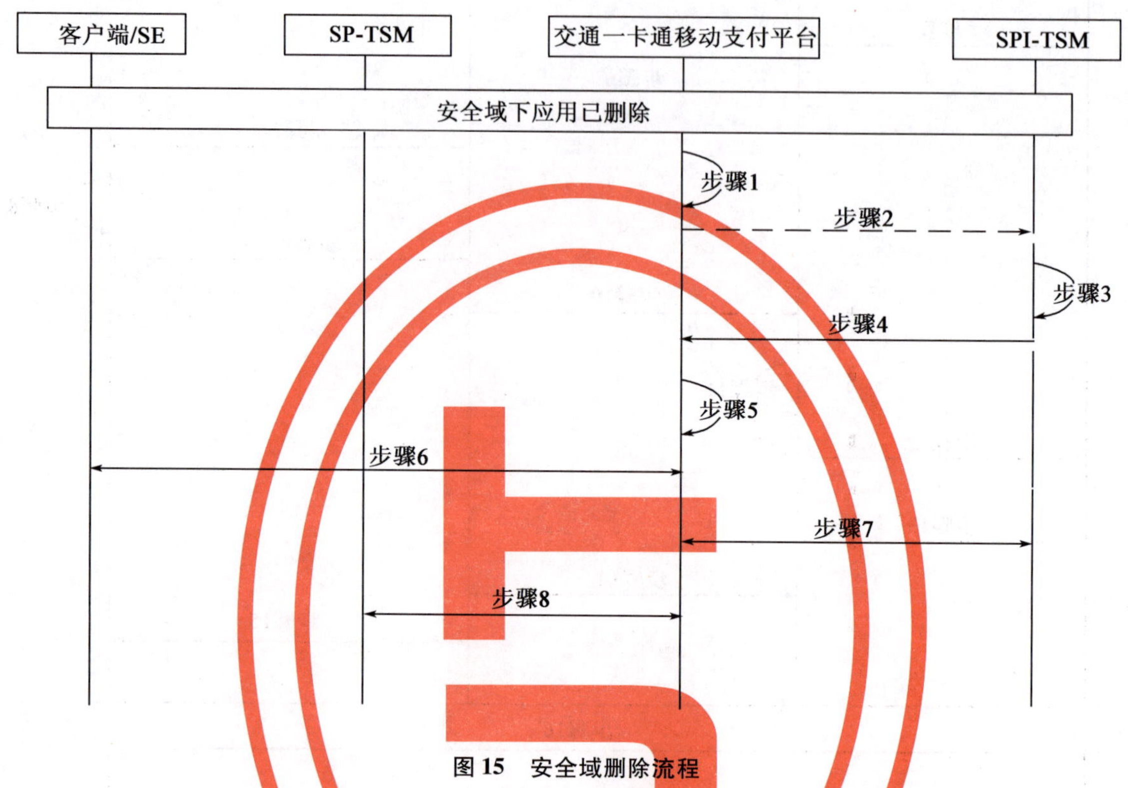

图15　安全域删除流程

7.6.4　应用锁定和解锁

交通一卡通移动支付应用锁定和解锁流程如图16所示，步骤如下：

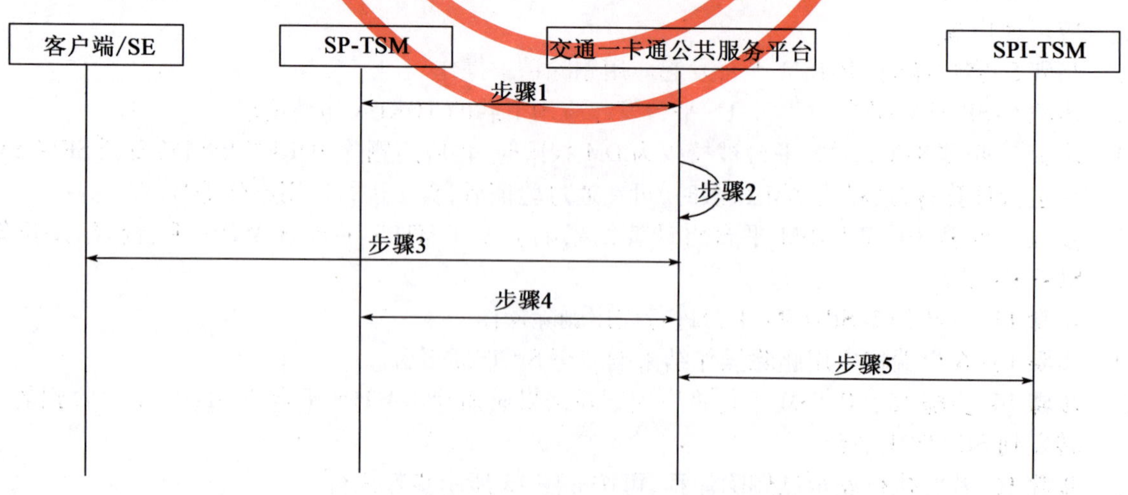

图16　交通一卡通移动支付应用锁定和解锁流程图

a) 步骤1:客户端向T-MTPS平台发起应用锁定和解锁请求操作;
b) 步骤2、步骤3:T-MTPS平台组织应用锁定和解锁脚本并完成应用状态设置操作;
c) 步骤4:T-MTPS平台将应用锁定和解锁结果通知SEI-TSM平台;
d) 步骤5:T-MTPS平台将应用状态通知SP-TSM平台。

7.6.5 应用个人化

交通一卡通移动支付应用个人化流程如图17所示,步骤如下:
a) 步骤1:SP-TSM平台组织个人化脚本发起个人化操作;
b) 步骤2、步骤3:SP-TSM平台将脚本发往SE执行,返回执行结果;
c) 步骤4:SP-TSM平台将应用个人化状态通知T-MTPS平台;
d) 步骤5:T-MTPS平台将应用个人化状态通知SEI-TSM平台。

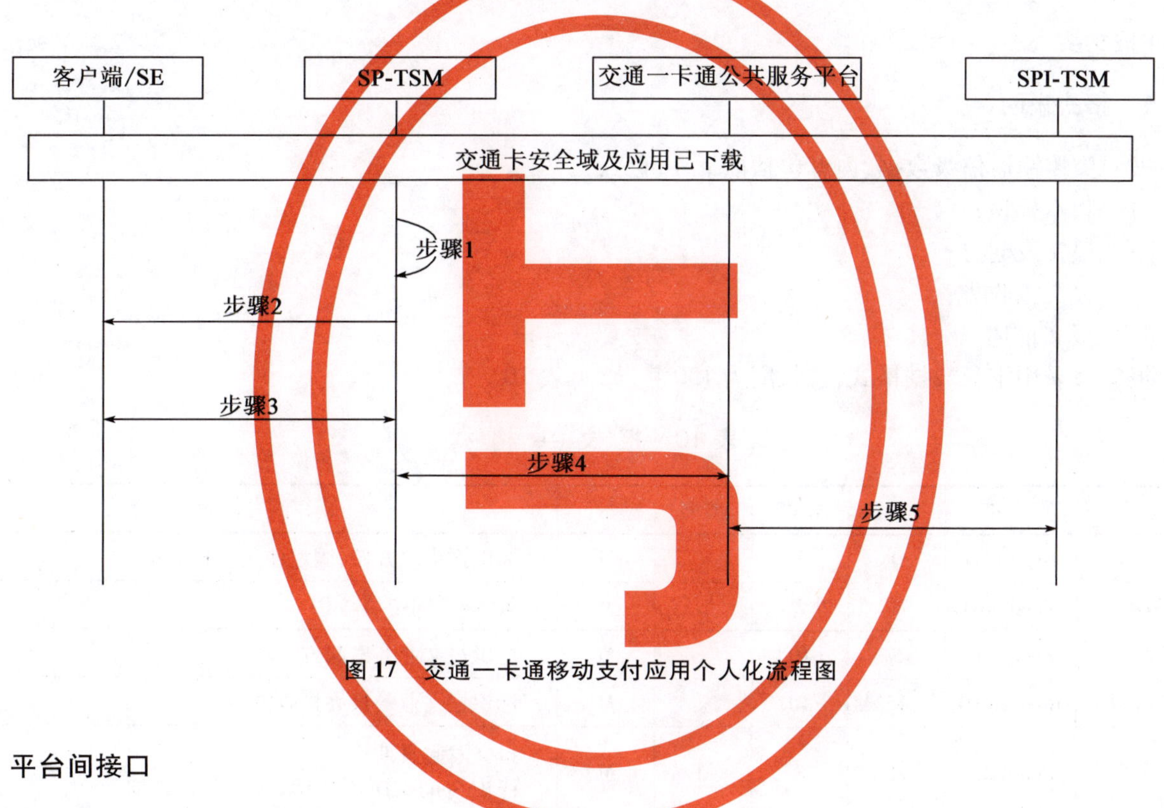

图17 交通一卡通移动支付应用个人化流程图

8 平台间接口

8.1 传输方式

客户端与各平台采用HTTPS通信协议。

T-MPTS平台与SEI-TSM平台、SP-TSM平台间的采用TCP/IP通信协议,实现方式采用套接字(SOCKET)方式。

8.2 报文结构

T-MTPS平台与SEI-TSM平台、SP-TSM平台间使用XML报文传输业务数据。报文结构如图18所示,报文头、数字签名域、报文体间没有任何字符间隔。

MsgHeader(报文头)	数字签名域	Document(报文体)

```
<--MsgHeader(报文头)-->
<--数字签名-->
<-以下为Document(报文头)-->
<Document>
    <GrpHdr>
    … …
    </GrpHdr>
    … …
</Document>
```

图18　报文结构图

8.3　报文头

8.3.1　格式说明

报文头传输通信级数据，内容包括以下4部分：

a）版本标识；

b）报文发起方；

c）报文接收方；

d）报文描述。

报文头采用定长数据格式，总长度为130字节，见表10。

表10　报文头格式

域类	域名	位置	长度	类型	属性	示例说明
	BeginFlag	0	3	x	M	标识报头块开始；固定使用：{H：
版本	VersionID	3	2	n	M	版本号，固定填写01
发起方	SenderID	5	10	x	M	标识报文业务发起方
接收方	ReceiverID	15	10	x	M	标识报文业务最终接收方
报文描述	SendDate	25	8	d	M	报文发起日期： 标识SenderID发出本报文的机器日期
	SendTime	33	6	t	M	报文发起时间： 标识SenderID发出本报文的机器时间
	MsgType	39	16	x	M	报文类型代码：标识报文类型编号
	CommID	55	16	x	M	通信级标识号： 通信层标识一个报文，由SenderID顺序编制，并确保在SendDate当日唯一； 接收方根据SenderID + SendDate + CommID唯一确定一个报文，该三项重复的报文作为通信级重复报文
	CommRefID	71	16	x	M	通信级参考号：标识本报文的关联报文，由SenderID设置，后续节点应保持该域不变，并在通信回应报文中带回该值，以便SenderID匹配原报文

表 10(续)

域类	域名	位置	长度	类型	属性	示例说明
报文描述	Reserve	87	32	x	M	保留域
	EndFlag	119	8	x	M	标识报头块结束,固定使用:}\r\n \r=0x0d;　\n=0x0a
注1:各域均为定长域,值不足长度时应补位:x类型的,后补空格(0x20);n类型的,前补0(0x30); 注2:强制域(属性列为M)强制填值。x类型的不能为全空格(0x20),n、d、t类型的不能是全0(0x30);可选项(属性列为O)可以不填值,但应填充占位字符。x类型填充空格(0x20),n、d、t类型的填充0(0x30); 注3:报头块各域字母均不区分大小写,宜使用全大写字母。						

8.3.2 填写示例

报文头填写示例见表11。

表11　报文头示例

域类	域名	含义	位置	长度	类型	属性	示例说明
	BeginFlag	起始标识	0	3	x	M	{H:
版本	VersionID	版本号	3	2	n	M	01
发起方	SenderID	报文发起人	5	10	x	M	10210009(注意后补空格)
接收方	ReceiverID	报文接收人	15	10	x	M	10310002(注意后补空格)
报文描述	SendDate	报文发起日期	25	8	d	M	20130501
	SendTime	报文发起时间	33	6	t	M	104510
	MsgType	报文类型代码	39	16	x	M	tmtps.001.001.01
	CommID	通信级标识号	55	16	x	M	A1234B1234C12345
	CommRefID	通信级参考号	71	16	x	O	0000000000000000
	SessionID	会话ID	87	32	x	M	A1234B1234C12345 A1234B1234C12345
	Reserve	(保留域)	119	9	x	O	(空格填充)
	EndFlag	结束标识	128	3	x	M	}\r\n
注:类型和属性的符号定义见附录A。							

8.4 数字签名域

数字签名域存放报文的数字签名信息,用于交易参与方的身份认证。数字签名域采用变长数据格式,格式见表12。

表 12　数字签名域格式

域名	含义	位置	长度	类型	属性	示例说明
BeginFlag	起始标识	0	3	x	M	{S:
DigitalSignature	数字签名内容	3	签名长度	签名数据	M	对未加密数据的签名
EndFlag	结束标识	签名后紧接	3	x	M	}\r\n

数字签名算法对报文开始即从 <Document> 开始至 </Document> 之间的全部内容进行签名(不包括 <Document> 之后的任何字符)。

注:签名部分包括 <Document> 及 </Document>。

数字签名域应使用私钥对报文体整体进行签名,将签名值使用 BASE64 转码后填写到报文的数字签名域。T-MTPS 平台进行签名验证时使用报文头"发起方"的公钥进行验证;"发起方"进行签名验证时使用 T-MTPS 平台的公钥进行验证。

8.5　报文体

8.5.1　报文体格式

报文体包括业务头和业务体,用于标识报文的业务数据信息,采用 XML 格式实现。标准 XML 报文首位字符不允许出现空格,使用标签标识 XML 报文的根。

报文体格式如图 19 所示。

图 19　报文体格式

8.5.2　业务头

业务头是对各类业务进行整体描述的公共部分,包含报文标识号、报文发送时间、发起方、接收方和备注等业务要素。具体格式见 9.1。

8.5.3　业务体

业务体用于传输业务数据信息,包含一个或多个报文组件。

8.5.4　格式检查

每个报文都有对应的可扩展标记语言(XML schema)文件进行报文格式检查,XML schema 文件名称与报文编号相同。

格式检查包括以下两种情况:

a) 参与机构应将待发送报文的报文体使用 XML schema 进行格式检查，检查通过后，向 T-MTPS 平台发送报文；
b) 参与机构应使用 XML Schema 对收到的 T-MTPS 平台报文的报文体进行格式检查，检查通过后，才能提交给业务系统进行业务处理。

8.5.5 安全要求

平台双方应提供公钥给对方系统用于报文签名验证。

8.6 接口报文编号

8.6.1 接口报文编号规则

接口报文编号规则如图20所示。

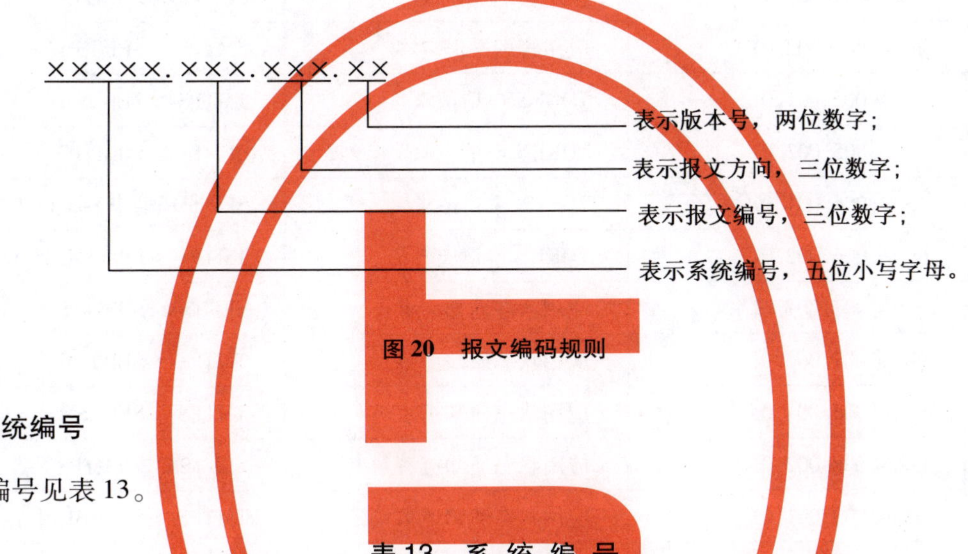

图20 报文编码规则

8.6.2 系统编号

系统编号见表13。

表13 系统编号

序号	业务类型名称	系统编号
1	交通运输部一卡通公共服务平台	tmtps

8.6.3 报文编号

报文编号见表14。

表14 报文编号

序号	名称	编号范围
1	应用管理	1～100
2	身份管理	101～200
3	SE 管理类	901～999

8.6.4 接口编号

接口编号见表15。

表15 接口编号

序号	报文编号	报文名称	报文方向
1	tmtps.001.001.01	SE 状态通知请求	SEI-TSM->TMTPS
2	tmtps.001.002.01	SE 状态通知应答	TMTPS->SEI-TSM
3	tmtps.002.001.01	应用全网查询请求	SEI-TSM->TMTPS
4	tmtps.002.002.01	应用全网查询应答	TMTPS->SEI-TSM
5	tmtps.003.001.01	应用业务状态通知请求	SEI-TSM->TMTPS
6	tmtps.003.002.01	应用业务状态通知应答	TMTPS->SEI-TSM
7	tmtps.004.001.01	应用管理操作请求	SEI-TSM->TMTPS
8	tmtps.004.002.01	应用管理操作应答	TMTPS->SEI-TSM
9	tmtps.005.001.01	TOKEN 申请请求	TMTPS->SEI-TSM
10	tmtps.005.002.01	TOKEN 申请应答	SEI-TSM->TMTPS
11	tmtps.006.001.01	TOKEN 申请请求	SP-TSM(通卡)->TMTPS
12	tmtps.006.002.01	TOKEN 申请应答	TMTPS->SP-TSM(通卡)
13	tmtps.007.001.01	应用状态通知请求	SEI-TSM->TMTPS
14	tmtps.007.002.01	应用状态通知应答	TMTPS->SEI-TSM
15	tmtps.008.001.01	应用状态通知请求	TMTPS->SEI-TSM
16	tmtps.008.002.01	应用状态通知应答	SEI-TSM->TMTPS
17	tmtps.009.001.01	应用状态通知请求	TMTPS->SP-TSM(中心平台)
18	tmtps.009.002.01	应用状态通知应答	SP-TSM(中心平台)->TMTPS
19	tmtps.010.001.01	应用状态通知请求	TMTPS->SP-TSM(通卡)
20	tmtps.010.002.01	应用状态通知应答	SP-TSM(通卡)->TMTPS
21	tmtps.011.001.01	认证申请请求	SEI-TSM->TMTPS
22	tmtps.011.002.01	认证申请应答	TMTPS->SEI-TSM
23	tmtps.012.001.01	认证申请请求	TMTPS->SP-TSM(通卡)
24	tmtps.012.002.01	认证申请应答	SP-TSM(通卡)->TMTPS
25	tmtps.014.001.01	应用管理操作请求	客户端->SP-TSM(通卡)
26	tmtps.014.002.01	应用管理操作应答	SP-TSM(通卡)->客户端
27	tmtps.015.001.01	写卡结果通知请求	客户端->SP-TSM(中心平台)
28	tmtps.015.002.01	写卡结果通知应答	SP-TSM(中心平台)->客户端
29	tmtps.017.001.01	应用状态通知请求	SP-TSM(中心平台)->TMTPS
30	tmtps.017.002.01	应用状态通知应答	TMTPS->SP-TSM(中心平台)
31	tmtps.018.001.01	应用状态通知请求	SP-TSM(通卡)->TMTPS
32	tmtps.018.002.01	应用状态通知应答	TMTPS->SP-TSM(通卡)

9 报文公共业务组件

9.1 业务头组件

9.1.1 业务功能

业务头是对各类业务进行整体描述的公共部分，包含报文标识号、报文发送时间、发起方机构、接收方机构和备注等业务要素。

9.1.2 业务要素

业务要素见表16。

表16 业 务 要 素

序号	要素名称	<XML Tag>	属性	类型	长度	要　求
1	业务头组件	<GrpHdr>	[1..1]			
2	报文标识号	<MsgId>	[1..1]	String	16	
3	报文发送时间	<CreDtTm>	[1..1]	String	20	格式：YYYY-MM-DDhh:mm:ss
4	发起方参与机构	<SrcPtyCd>	[1..1]	String	30	
5	接收方参与机构	<DesPtyCd>	[1..1]	String	30	
6	备注	<Remark>	[0..1]	String	250	允许中文

注1：报文符号定义见附录A；
注2：“发起方参与机构”为报文发起的实际参与机构；
注3：“接收方参与机构”为报文业务最终接收的参与机构。

9.1.3 报文结构示例

报文头组件报文结构示例如下：

```
<GrpHdr>
    <MsgId>... </MsgId>
    <CreDtTm>... </CreDtTm>
    <SrcPtyCd>... </SrcPtyCd>
    <DesPtyCd>... </DesPtyCd>
    <Remark>... </Remark>
</GrpHdr>
```

9.2 业务应答信息组件

9.2.1 业务功能

描述应答报文中应答状态及相关信息。

9.2.2 业务要素

业务要素见表17。

表 17 业 务 要 素

序号	要素名称	<XML Tag>	属性	类型	长度	要　　求
1	业务应答信息组件	<RspnInfo>	[1..1]			
2	业务状态[a]	<Sts>	[1..1]	String	10	禁止中文
3	业务拒绝处理码	<RjctCd>	[0..1]	String	10	
4	业务拒绝信息	<RjctInf>	[0..1]	String	50	允许中文
5	原报文标识号	<OriMsgId>	[1..1]	String	30	禁止中文
6	原发起参与机构	<OriSrcPtyCd>	[1..1]	String	30	

[a] 当业务状态为拒绝时,应填写业务拒绝处理码,选择填写业务拒绝信息。

9.2.3 报文结构示例

业务应答信息组件报文结构示例如下:

```
<RspnInfo>
    <Sts>... </Sts>
    <RjctCd>... </RjctCd>
    <RjctInf>... </RjctInf>
    <OriMsgId>... </OriMsgId>
    <OriSrcPtyCd>... </OriSrcPtyCd>
</RspnInfo>
```

10 接口报文定义

10.1 应用业务状态通知

10.1.1 功能说明

注册通过的应用可以选择一家或多家 TSM 进行上线发布。应用在 TSM 平台上线后,TSM 平台向公共服务平台发送本报文进行通告。

10.1.2 请求报文

请求报文要素见表 18。

表 18 请求报文要素

序号	报文要素	<XML Tag>	属性	类型	长度	要　　求
1	业务头组件	<GrpHdr>	[1..1]			见 9.1
2	应用 AID	<AID>	[1..1]	Hex	32	
3	应用版本	<AppVersion>	[1..1]	String	10	
4	应用提供方机构代码	<AppOrgCode>	[1..1]	String	16	
5	应用上线时间	<AppOnlineTime>	[1..1]	String	20	格式为: YYYY-MM-DD hh:mm:ss

表 18(续)

序号	报文要素	<XML Tag>	属性	类型	长度	要　求
6	业务状态	<AppBusiStatus>	[1..1]	int		0x01:待审核 0x02:调试 0x03:上线 0x04:暂停 0x05:下线 0x06:注销
7	备注	<Remark>	[1..1]	String		状态变更说明

10.1.3 请求报文结构示例

应用业务状态通知请求报文结构示例如下:

<GrpHdr>业务头组件</GrpHdr>
<AID>... </AID>
<AppVersion>... </AppVersion>
<AppOrgCode>... </AppOrgCode>
<AppOnlineTime>... </AppOnlineTime>
<AppBusiStatus>... </AppBusiStatus>
<Remark>... </Remark>

10.1.4 响应报文要素

响应报文要素见表 19。

表 19　响应报文要素

序号	报文要素	<XML Tag>	属性	类型	长度	要　求
1	业务头组件	<GrpHdr>	[1..1]			见 9.1
2	业务应答信息组件	<RspnInfo>	[1..1]			见 9.2

10.1.5 响应报文结构示例

应用业务状态通知响应报文结构示例如下:

<GrpHdr>业务头组件</GrpHdr>
<RspnInfo>业务应答信息组件</RspnInfo>

10.2 应用全网查询

10.2.1 功能说明

当 SE 查询的应用不在与其相连的发行方 TSM 上时,发行方 TSM 发送应用全网查询请求报文到 T-MTPS 平台进行应用的全网查询。

10.2.2 请求报文要素

请求报文要素见表 20。

表20 请求报文要素

序号	报文要素	<XML Tag>	属性	类型	长度	要　求
1	业务头组件	<GrpHdr>	[1..1]			
2	PAMID	<PAMID>	[1..1]	String	32	
3	SE 发行方机构	<IssuerCode>	[1..1]	String	40	
4	终端信息	<TerminalInfo>	[1..1]			
5	终端型号	<TerminalType>	[1..1]	String		
6	系统版本	<SystemVersion>	[1..1]	String		
7	基带版本	<BaseBandVersion>	[0..1]	String		
8	扩展信息	<ExtendedInfo>	[0..1]	String		
9	应用查询类别	<AppQueryType>	[1..1]			
10	应用名称	<AppName>	[0..1]	String	50	
11	应用类型	<AppType>	[0..1]	int		0x00:交通类
12	应用提供方机构代码	<AppOrgCode>	[0..1]	String	16	
13	查询页面记录条数	<PageSize>	[0..1]	int		默认10条记录,最小值为1。
14	查询结果页码	<PageNo>	[1..1]	int		最小值为1

10.2.3 请求报文结构示例

应用全网查询请求报文结构示例如下:

```
<GrpHdr>业务头组件</GrpHdr>
<PAMID>... </PAMID>
<IssuerCode>... </IssuerCode>
<TerminalInfo>
      <TerminalType>... </TerminalType>
      <SystemVersion>... </SystemVersion>
      <BaseBandVersion>... </BaseBandVersion>
      <ExtendedInfo>... </ExtendedInfo>
      <AppQueryType>... </AppQueryType>
    <AppName>... </AppName>
    <AppType>... </AppType>
    <AppOrgCode>... </AppOrgCode>
</ TerminalInfo>
<PageSize>... </PageSize>
<PageNo>... </PageNo>
```

10.2.4 响应报文要素

响应报文要素见表21。

表 21　响应报文要素

序号	报文要素	<XML Tag>	属性	类型	长度	要　求
1	业务头组件	<GrpHdr>	[1..1]			
2	业务应答信息组件	<RspnInfo>	[1..1]			
3	应用查询结果列表	<AppInfoList>	[0..1]			
4	应用查询结果	<AppInfo>	[1..N]			
5	序号	<Nbr>	[1..1]	int		最小值为 1
6	应用 AID	<AID>	[1..1]	Hex	32	
7	安全域 AID	<SDAID>	[1..1]	Hex	32	应用所属安全域 AID
8	应用名称	<AppName>	[1..1]	String	50	
9	应用类型	<AppType>	[1.1]	int		
10	应用功能说明	<AppDesc>	[0..1]	String	100	
11	应用占有空间（RAM 空间）	<RAMSpace>	[0..1]	int		
12	应用占有空间（NVM 空间）	<NVMSpace>	[0..1]	int		
13	应用提供方名称	<AppOrgName>	[0..1]	String	50	
14	应用提供方机构代码	<AppOrgCode>	[1..1]	String	16	
15	应用提供方 TSM 上线应用版本	<AppVersion>	[1..1]	String	10	

10.2.5　响应报文结构示例

应用全网查询响应报文结构示例如下：

<GrpHdr>业务头组件</GrpHdr>

<RspnInfo>业务应答信息组件</RspnInfo>

<AppInfoList>

　　<AppInfo>

　　　　<Nbr>... </Nbr>

　　　　<AID>... </AID>

　　　　<SDAID>... </SDAID>

　　　　<AppName>... </AppName>

　　　　<AppType>... </AppType>

　　　　<AppDesc>... </AppDesc>

　　　　<RAMSpace>... </RAMSpace>

<NVMSpace>... </NVMSpace>
<AppOrgName>... </AppOrgName>
<AppOrgCode>... </AppOrgCode>
<AppVersion>... </AppVersion>
</AppInfo>

10.3 应用管理操作

10.3.1 功能说明

T-MTPS 平台作为中心节点,维持着与全网各个 TSM 平台的链路连接和路由关系。当用户下载、删除、锁定应用或安全域时,如果应用不在与 SE 相连的发行方 TSM 上,发行方 TSM 应发送包含 SE 全网下载请求的报文到 T-MTPS 平台。

10.3.2 请求报文要素

请求报文要素见表 22。

表 22 请求报文要素

序号	报文要素	<XML Tag>	属性	类型	长度	要 求
1	业务头组件	<GrpHdr>	[1..1]			见 9.1
2	应用 AID 或安全域 AID	<AID>	[1..1]	Hex	32	
3	应用版本	<AppVersion>	[1..1]	String	10	安全域 AID 时,此域无效
4	PAMID	<PAMID>	[1..1]	String	20	
5	操作类型	<OperType>	[1..1]	int		0x01:应用下载 0x02:应用删除 0x03:应用锁定 0x04:应用解锁 0x05:安全域安装 0x06:安全域删除 0x07:安全域锁定 0x08:安全域解锁 0x09:应用个人化

10.3.3 请求报文结构示例

应用管理操作请求报文结构示例如下:

<GrpHdr>业务头组件</GrpHdr>
<AID>... </AID>
<AppVersion>... </AppVersion>
<PAMID>... </PAMID>
<OperType>... </OperType>

10.3.4 响应报文要素

响应报文要素见表23。

表23 响应报文要素

序号	报文要素	<XML Tag>	属性	类型	长度	要求
1	业务头组件	<GrpHdr>	[1..1]			见9.1
2	业务应答信息组件	<RspnInfo>	[1..1]			见9.2
3	应用资源地址	<AppDownloadURL>	[0..1]	String	200	
4	安装包(APK)资源地址	<ApkDownloadURL>	[0..1]	String	200	
5	APDU 脚本	<CAPDUS>	[0..1]			
6	CAPDU 指令	<CAPDU>	[1..N]			
7	APDU 指令	<APDU>	[1..1]	Hex	512	
8	期望状态字	<ExpSW>	[1..N]	Hex	4	
9	指令索引号	<APDU_INDEX>	[1..1]	int		

10.3.5 响应报文结构示例

应用管理操作响应报文结构示例如下：

```
<GrpHdr>业务头组件</GrpHdr>
<RspnInfo>业务应答信息组件</RspnInfo>
<AppDownloadURL>...</AppDownloadURL>
<ApkDownloadURL>...</ApkDownloadURL>
<CAPDUS>
    <CAPDU>
        <APDU>...</APDU>
        <ExpSW>...</ExpSW>
        <APDU_INDEX>...</APDU_INDEX>
    </CAPDU>
</CAPDUS>
```

10.4 TOKEN 申请

10.4.1 功能说明

应用提供方进行应用下载等卡内容变更操作，向 T-MTPS 平台请求 TOKEN 申请操作；T-MTPS 平台收到申请后将请求转发至 SE 所属的发行卡 TSM 进行申请操作。

10.4.2 请求报文要素

请求报文要素见表24。

表 24 请求报文要素

序号	报文要素	<XML Tag>	属性	类型	长度	要 求
1	业务头组件	<GrpHdr>	[1..1]			见 9.1
2	应用 AID 或安全域 AID	<AID>	[1..1]	Hex	32	
3	应用类型	<AppType>	[1..1]	int		0x01:应用 0x02:安全域
4	应用版本	<AppVersion>	[1..1]	String	10	当应用类型为 0x02 时,此域无效
5	PAMID	<PAMID>	[1..1]	String	20	
6	计算 TOKEN 数据集	<TokenDataList>				
7	TOKEN 数据项	<TokenDataItem>	[1..N]		8	
8	计算 TOKEN 的数据	<TokenData>	[1..1]	Hex	256	其数据域内容参见 GPCS V2.2.1规范的 C.4 章节
9	TOKEN 类型	<TokenType>	[1..1]	int		取值定义为: 0x01:Delete Token 0x02:Load Token 0x03:Install Token 0x04:Make Selectable Token 0x05:Extradition Token 0x06:Registry Update Token 0x07:Load, Install and Make selectable Token 0x08:Install for Install and Make Selectable Token

10.4.3 请求报文结构示例

TOKEN 申请请求报文结构示例如下:

<GrpHdr>业务头组件</GrpHdr>
<AID>... </AID>
<AppType>... </AppType>
<AppVersion>... </AppVersion>
<PAMID>... </PAMID>
<TokenDataList>
    <TokenDataItem>
        <TokenData>... </TokenData>
        <TokenType>... </TokenType>
    </TokenDataItem>
</TokenDataList>

10.4.4 响应报文要素

响应报文要素见表25。

表25 响应报文要素

序号	报文要素	<XML Tag>	属性	类型	长度	要求
1	业务头组件	<GrpHdr>	[1..1]			见9.1
2	业务应答信息组件	<RspnInfo>	[1..1]			见9.2
3	Token 签名结果集	<TokenSignature List>	[1..1]			
4	Token 签名结果	<TokenSignature>	[1..N]	Hex	256	

10.4.5 响应报文结构示例

TOKEN 申请响应报文结构示例如下：

<GrpHdr>业务头组件</GrpHdr>
<RspnInfo>业务应答信息组件</RspnInfo>
<TokenSignatureList>
    <TokenSignature>... </TokenSignature>
</TokenSignatureList>

10.5 写卡结果通知

10.5.1 功能说明

SE在写卡完成后，将写卡的响应数据及结果转发至应用提供方TSM平台或T-MTPS平台。

10.5.2 请求报文要素

请求报文要素见表26。

表26 请求报文要素

序号	报文要素	<XML Tag>	属性	类型	长度	要求
1	业务头组件	<GrpHdr>	[1..1]			见9.1
2	应用 AID	<AID>	[1..1]	Hex	32	
3	应用版本	<AppVersion>	[1..1]	String	10	
4	PAMID	<PAMID>	[1..1]	String	20	
5	执行结果	<ExeResult>	[1..1]			0x00:成功 0x01:失败
6	执行 APDU 索引号	<APDU_INDEX>	[1..1]	int		执行的最后一条指令对应的索引号
7	SE 返回的 RAPDU	<RAPDU>	[1..1]	Hex	518	执行 CAPDU 后 SE 返回的最后一条 RAPDU 结果，包含两字节状态字

10.5.3 请求报文结构示例

写卡结果通知请求报文结构示例如下：

<GrpHdr>业务头组件</GrpHdr>
<AID>... </AID>
<AppVersion>... </AppVersion>
<PAMID>... </PAMID>
<ExeResult>... </ExeResult>
<APDU_INDEX>... </APDU_INDEX>
<RAPDU>... </RAPDU>

10.5.4 响应报文要素

响应报文要素见表27。

表27 响应报文要素

序号	报文要素	<XML Tag>	属性	类型	长度	要 求
1	业务头组件	<GrpHdr>	[1..1]			见9.1
2	业务应答信息组件	<RspnInfo>	[1..1]			见9.2
3	结束标识	<FinishFlag>	[1..1]	int		0x00:结束 0x01:未结束
4	APDU 脚本	<CAPDUS>	[0..1]			
5	CAPDU 指令	<CAPDU>	[1..N]			
6	APDU 指令	<APDU>	[1..1]	Hex	518	
7	期望状态字	<ExpSW>	[1..N]	Hex	4	
8	指令索引号	<APDU_INDEX>	[1..1]	int		

10.5.5 响应报文结构示例

写卡结果通知响应报文结构示例如下：

```
<GrpHdr>业务头组件</GrpHdr>
<RspnInfo>业务应答信息组件</RspnInfo>
<FinishFlag>... </FinishFlag>
<CAPDUS>
    <CAPDU>
      <APDU>... </APDU>
      <ExpSW>... </ExpSW>
      <APDU_INDEX>... </APDU_INDEX>
    </CAPDU>
</CAPDUS>
```

10.6 应用状态通知

10.6.1 功能说明

应用或安全域操作完成后,SE 将实际状态同步至发行卡 TSM 系统。

10.6.2 请求报文要素

请求报文要素见表 28。

表 28 请求报文要素

序号	报文要素	<XML Tag>	属性	类型	长度	要求
1	业务头组件	<GrpHdr>	[1..1]			见 9.1
2	应用 AID 或安全域 AID	<AID>	[1..1]	Hex	32	
3	应用类型	<AppType>	[1..1]	int		0x01:应用 0x02:安全域
4	PAMID	<PAMID>	[1..1]	String	20	
5	应用版本	<AppVersion>	[1..1]	String	10	当应用类型为 0x02 时,此域无效
6	应用状态或安全域状态	<STATUS>	[1..1]			0x00:可选择 0x01:个人化 0x02:删除 0x03:锁定

10.6.3 请求报文结构示例

应用状态通知请求报文结构示例如下:

```
<GrpHdr>... </GrpHdr>
<AID>... </AID>
<AppType>... </AppType>
<PAMID>... </PAMID>
<AppVersion>... </AppVersion>
<STATUS>... </STATUS>
```

10.6.4 响应报文要素

响应报文要素见表 29。

表 29 响应报文要素

序号	报文要素	<XML Tag>	属性	类型	长度	要求
1	业务头组件	<GrpHdr>	[1..1]			见 9.1
2	业务应答信息组件	<RspnInfo>	[1..1]			见 9.2

10.6.5 响应报文结构示例

应用状态通知响应报文结构示例如下：

<GrpHdr>业务头组件</GrpHdr>

<RspnInfo>业务应答信息组件</RspnInfo>

10.7 认证申请

10.7.1 功能说明

在发卡或删除操作时，T-MTPS 平台应通过此接口向相应发卡机构申请卡资源及进行用户合法性判断。

10.7.2 请求报文要素

请求报文要素见表 30。

表 30 请求报文要素

序号	报文要素	<XML Tag>	属性	类型	长度	要　　求
1	业务头信息	<GrpHdr>	[1..1]			见 9.1
2	应用 AID	<AID>	[1..1]	Hex	32	
3	应用版本	<AppVersion>	[1..1]	String	10	
4	PAMID	<PAMID>	[1..1]	String	20	
5	终端信息	<TerminalInfo>	[1..1]			
6	终端型号	<TerminalType>	[1..1]	String		
7	系统版本	<SystemVersion>	[1..1]	String		
8	基带版本	<BaseBandVersion>	[0..1]	String		
9	扩展信息	<ExtendedInfo>	[0..1]	String		
10	用户姓名	<UserName>	[1..1]	String	20	
11	用户证件类型	<UserIdType>	[1..1]	int		01:身份证
12	证件号码	<UserId>	[1..1]	String	18	
13	手机号码	<Msisdn>	[1..1]	String	11	
14	操作类型	<OperType>	[1..1]	int		0x00:下载

10.7.3 请求报文结构示例

认证申请请求报文结构示例如下：

<GrpHdr>业务头组件</GrpHdr>

<AID>... </AID>

<AppVersion>... </AppVersion>

<PAMID>... </PAMID>

<Terminal Info>

<Terminal Type>... </Terminal Type>

<SystemVersion>... </SystemVersion>

<BaseBandVersion>... </BaseBandVersion>

<ExtendedInfo>... </ExtendedInfo>
<TerminalInfo>
<UserName>... </UserName>
<UserIdType>... </UserIdType>
<UserId>... </UserId>
<Msisdn>... </Msisdn>
<OperType>... </OperType>

10.7.4 响应报文要素

响应报文要素见表31。

表31 响应报文要素

序号	报文要素	<XML Tag>	属性	类型	长度	要　求
1	业务头组件	<GrpHdr>	[1..1]			
2	业务应答信息组件	<RspnInfo>	[1..1]			
3	审核结果	<Result>	[1..1]	int		0x00:通过 0x01:未通过

10.7.5 响应报文结构示例

认证申请响应报文结构示例如下:
<GrpHdr>业务头组件</GrpHdr>
<RspnInfo>业务应答信息组件</RspnInfo>
<Result>... </Result>

10.8 SE 状态通知

10.8.1 功能说明

当SE发行方对SE的状态进行变更时,如SE锁定和终止等,通过此接口将SE的实际状态通知公共服务平台。

10.8.2 请求报文要素

请求报文要素见表32。

表32 请求报文要素

序号	报文要素	<XML Tag>	属性	类型	长度	要　求
1	业务头组件	<GrpHdr>	[1..1]			
2	PAMID	<PAMID>	[1..1]	String	20	
3	SE状态	<SE_STATUS>	[1..1]	int		01:初始状态 02:安全状态 03:锁定状态 04:挂起状态 05:终止状态

10.8.3 请求报文结构示例

SE 状态通知请求报文结构示例如下：

<GrpHdr>业务头组件</GrpHdr>
<PAMID>... </PAMID>
<SE_STATUS>... </SE_STATUS>

10.8.4 响应报文要素

响应报文要素见表 33。

表 33 响应报文要素

序号	报文要素	<XML Tag>	属性	类型	长度	要　求
1	业务头组件	<GrpHdr>	[1..1]			
2	业务应答信息组件	<RspnInfo>	[1..1]			

10.8.5 响应报文结构示例

SE 状态通知响应报文结构示例如下：

<GrpHdr>业务头组件</GrpHdr>
<RspnInfo>业务应答信息组件</RspnInfo>

附 录 A
(规范性附录)
报文符号定义

报文中使用的符号定义见表A.1。

表A.1 报文符号

符号	说明
[1..1]	必填参数,参数个数为1
[0..1]	可选参数,参数个数为1
[1..N]	必选参数,参数个数为多个
M	强制域(Mandatory),在消息中应出现,否则被认为消息格式出错
O	选用域(Optional),在该消息中由发送方自选
YYYY	年
MM	月
DD	日
hh	小时
mm	分
ss	秒
x	a~z、A~Z、0~9、.(英文句号)、-(连字符)、_(下划线)
d	YYYYMMDD(年、月、日组合)
t	hhmmss(小时、分、秒组合)
n	数字0~9
Hex	16进制字符串,取值范围:数字0~9、字母a~f以及字母A~F

参考文献

[1] GB/T 16649.4—2004 识别卡 集成电路卡 第4部分:用于交换的结构、安全和命令
[2] GB/T 16649.6—2001 识别卡 带触点的集成电路卡 第6部分:行业间数据元
[3] GB/T 17964 信息安全技术 分组密码算法的工作模式
[4] GB/T 25056 信息安全技术 证书认证系统密码及其相关安全技术规范
[5] GB/T 25064 信息安全技术 公钥基础设施 电子签名格式规范
[6] ISO/IEC 7816-4 识别卡 集成电路卡 第4部分:交换用行业间指令
[7] ETSI TS 102.221 Smart Cards;UICC-Terminal interface;Physical and logical characteristics,Release 7
[8] Global Platform Card Specification v2.2.1

ICS 03.220.20;35.240.15
R 85
备案号:

中华人民共和国交通运输行业标准

JT/T 1059.7—2016

交通一卡通移动支付技术规范 第7部分:终端设备

Technical specification for mobile payment of transport card—
Part 7:Terminal

2016-04-08 发布 2016-07-01 实施

中华人民共和国交通运输部 发布

目　次

前　言

JT/T 1059《交通一卡通移动支付技术规范》分为8个部分：

——第1部分：总则；

——第2部分：安全单元；

——第3部分：近场支付；

——第4部分：远程支付；

——第5部分：客户端软件；

——第6部分：可信服务管理系统；

——第7部分：终端设备；

——第8部分：检测项目。

本部分为JT/T 1059的第7部分。

本部分按照GB/T 1.1—2009给出的规则起草。

本部分由交通运输部运输服务司提出。

本部分由交通运输信息通信及导航标准化技术委员会归口。

本部分起草单位：北京中交金卡科技有限公司、北京市政交通一卡通有限公司、江苏公共交通一卡通有限公司、银行卡检测中心、北京中电华大电子设计有限公司、深圳市雪球科技有限公司。

本部分主要起草人：唐猛、沈伟彬、邢国敬、陈文革、肖震宇、邢钊、曾正喜、张策、王睿、平庆瑞、李川川。

交通一卡通移动支付技术规范
第7部分:终端设备

1 范围

JT/T 1059 的本部分规定了交通一卡通移动支付终端设备的总体要求以及读写终端、移动终端、分体终端和安全单元应用管理终端的技术要求。

本部分适用于交通一卡通移动支付终端设备的设计、开发和制造。

2 规范性引用文件

下列文件对于本部分的应用是必不可少的。凡是注日期的引用文件,仅注日期的版本适用于本文件。凡是不注日期的引用文件,其最新版本(包括所有的修改单)适用于本文件。

GB 4943.1—2011　信息技术设备　安全　第1部分:通用要求
GB 5007.1　信息技术　汉字编码字符集(基本集)　24点阵字型
GB 5199　信息技术　汉字编码字符集(基本集)　15×16点阵字型
GB 9254　信息技术设备的无线电骚扰极限值和测量方法
GB 13000　信息技术　通用多八位编码字符集(UCS)
GB/T 17618　信息技术设备　抗扰度　限值和测量方法
GB 17625.1　电磁兼容　限值　谐波电流发射限值(设备每相输入电流≤16A)
GB 18030　信息技术　中文编码字符集
GB/T 23647—2009　自助服务终端通用规范
GA/T 73　机械防盗锁
JT/T 978(所有部分)　城市公共交通IC卡技术规范
JT/T 978.3—2015　城市公共交通IC卡技术规范　第3部分:读写终端
JT/T 978.5　城市公共交通IC卡技术规范　第5部分:非接触接口通信
JT/T 978.6—2015　城市公共交通IC卡技术规范　第6部分:安全
JT/T 1059.1　交通一卡通移动支付技术规范　第1部分:总则
JT/T 1059.2　交通一卡通移动支付技术规范　第2部分:安全单元
JT/T 1059.3　交通一卡通移动支付技术规范　第3部分:近场支付
JT/T 1059.5　交通一卡通移动支付技术规范　第5部分:客户端软件
ETSI TS 102 613　智能卡　UICC—非接触前端(CLF)接口　第1部分:物理层和数据链路层特性[Smart Cards; UICC-Contactless Front-end (CLF) Interface; Part 1: Physical and data link layer characteristics]
ETSI TS 102 622　智能卡　UICC—非接触前端(CLF)接口　主机控制器接口(HCI)[Smart Cards; UICC-Contactless Front-end (CLF) Interface; Host Controller Interface (HCI)]
ISO 8731-1　银行业务用于电文认证的认可算法　第1部分:数据保密算法(DEA)[Algorithms for use in banking message authentication—Part1: Data Encryp-

	tion Algorithm(DEA)]
ISO 9564-2:1991	银行业务　个人识别码管理和安全　第 2 部分:核准的 PIN 加密算法 [Banking—Personal identification number management and security—Part 2: Approved algorithms for PIN encipherment]
ISO 11568:1994	银行业务　密钥管理(零售)[Banking—Key management (retail)]
ISO/WD 13491-1	银行业务　安全加密设备　第 1 部分:概念、要求和评价方法[Banking—Secure cryptographic devices (retail) —Part 1:Concepts, requirements and evaluation methods]

3　术语和定义

JT/T 1059.1 界定的以及下列术语和定义适用于本文件。

3.1

分体终端　separated mobile payment terminal

借助外部设备(如手机、PDA)等完成移动支付交易的终端设备。

注:分体终端按照适用的环境及功能不同,可以分为个人类设备和商户类设备。

3.2

安全单元应用管理终端　security element application manage terminal

与 TSM 平台连接的专用于管理客户端安全单元应用的终端设备。

注:安全单元应用管理终端在硬件上可以是销售终端、自助终端或其他类型设备形态,一般布放在特定的场合,提供用户对客户端 SE 应用进行个人化、下载、查询、同步等功能。

3.3

移动终端　mobile terminal

具有移动通信能力的终端设备。

4　缩略语

下列缩略语适用于本文件。

ANSI——美国国家标准学会(American National Standards Institute)

ASCII——美国标准信息交换代码(American Standard Code for Information Interchange)

CLF——非接触通信前端(Contactless Front-end)

MODEM——调制解调器(Modulator and Demodulator)

NFC——近场通信(Near Field Communication)

PIN——个人识别码(Personal Identification Number)

POS——销售终端(Point of Sale)

SE ——安全单元(Security Element)

SWP——单线传输协议(Single Wire Protocol)

TMK——终端主密钥(Terminal Master Key)

TSM——可信服务管理(Trusted Service Management)

USB——通用串行总线(Universal Serial Bus)

WIFI——无线网(Wireless Fidelity)

WK——工作密钥(Working Key)

5 总体要求

5.1 分类

按照交通一卡通移动支付终端设备的应用场景可将终端设备分为读写终端、移动终端、分体式终端和 SE 应用管理终端,其中:

a) 读写终端适用于公共汽电车、城市轨道交通和出租汽车等场景,读写终端应满足 JT/T 987 的规定。

b) 移动终端适用于个人用户受理城市公共交通 IC 卡或移动支付终端,如充值和查询交易记录等场景中。

c) 分体式终端应用场景与移动终端类似,区别主要是出于安全考虑在物理形态和整体架构上对终端进行了分离。此类终端会将非接触通信部分、密码输入部分以及关键的逻辑加密等风险等级较高的部分分离出来并集中放置于分体式终端一侧,而主控端、常规逻辑和与后台的通信模块则放置于手机或其他通用的移动设备端,两者通过蓝牙、WIFI 及有线等方式进行通信和信息交换,共同完成交易处理或 SE 管理功能。

d) SE 应用管理终端适用于营业网点或布放的对 SE 状态及应用管理等进行操作和管理的终端类型,包括 POS 和自助终端两种。

5.2 通用要求

5.2.1 终端的非接触式电气特性和通信协议应符合 JT/T 978.5 的要求。

5.2.2 终端的应用和基本交易流程应符合 JT/T 978.3 的要求。

5.2.3 终端的基本安全应符合 JT/T 978.6—2015 第 8 章的要求。

5.2.4 若终端配备 PIN 输入设备或模块(如密码键盘),则要求如下:

a) PIN 输入设备应具备一定的物理和逻辑安全机制,如应具备入侵检测机制,防止 PIN 输入过程被监听,可安全地存储敏感信息,具备完整的密钥体系等;

b) 在 PIN 输入设备和非接触式读卡器间传输 PIN 相关信息时,应有效地保护所传输的数据。

6 读写终端

6.1 硬件要求

读写终端硬件应符合 JT/T 978.3—2015 中 6.2 和 6.3 的规定。

6.2 软件要求

6.2.1 系统软件

读写终端应具有初始化和对软硬件的自检与报警功能,具备断电保护功能,并方便应用程序的加载和参数设定。

6.2.2 二次开发平台

读写终端应提供高级语言(如 C 语言)开发环境,提供二次开发专用接口,并提供应用模块,具备应用程序的调试和测试环境。

6.2.3 模块化结构

应支持模块化结构设计,封装成几个相对独立、性能稳定的模块,供应用开发者使用。

6.3 功能要求

读写终端的功能应符合 JT/T 978.3 的规定。

6.4 交易模型要求

读写终端的交易流程及交易模型应符合 JT/T 1059.3 的规定。

7 移动终端

7.1 硬件要求

7.1.1 接触通道的电气特性和传输协议

移动终端在内置安全单元的情况下，CLF 和 SE 接口是内部接口，宜采用 SWP 及其他内部接口协议。SWP 接口的电气特性和链路层传输协议应符合 ETSI TS 102 613 的规定；其传输层协议应符合 ETSI TS 102 622 的规定。

7.2 软件要求

7.2.1 软件启动要求

移动终端的软件要求见 6.2.1。

7.2.2 二次开发平台

移动终端二次开发平台要求见 6.2.2。

7.2.3 模块化结构

移动终端模块化结构要求见 6.2.3。

7.3 功能要求

移动终端具备的功能应符合 JT/T 1059.5 的规定。

7.4 交易模型要求

移动终端的交易模型应符合 JT/T 1059.3 的规定。

7.5 安全要求

移动终端应符合 JT/T 1059.5 规定的安全要求。

8 分体终端

8.1 硬件要求

8.1.1 硬件模块

8.1.1.1 非接触式读卡器

分体终端应具备内置非接触式读卡器，并应具备明显的标识，标明非接触读卡区域。

非接触式读卡器应符合 JT/T 978.3 的规定。

8.1.1.2 通信端口

与外部设备的通信端口可支持以下全部或部分类型的通信方式：

a） 蓝牙通信；
b） 串口通信；
c） USB；
d） WIFI；
e） 音频接口。

8.1.1.3 存储器

分体终端应具有足够的存储容量存放应用程序、密钥、交易数据和其他参数等，并确保在断电后数据不丢失。在保证完成交易功能的前提下，要求脱机终端保存的记录不少于500条。

8.2 软件要求

8.2.1 系统软件

分体终端的软件要求见6.2.1。

8.2.2 二次开发平台

分体终端二次开发平台要求见6.2.2。

8.2.3 模块化结构

分体终端模块化结构要求见6.2.3。

8.3 安全要求

分体终端在操作员管理、密钥体系、密钥管理、加密及存储等安全方面应符合JT/T 978.6的规定。

9 安全单元应用管理终端

9.1 硬件要求

9.1.1 POS

9.1.1.1 基本要求

POS的硬件及性能应符合JT/T 978.3的规定。

9.1.1.2 显示屏

显示屏应显示ASCII可视字符，汉字应符合GB 5007.1、GB 5199、GB 13000或GB 18030的规定。屏幕大小应具有显示四行或四行以上英文和中文功能，其中每行显示不少于16个英文字母、数字和符号，或不少于8个汉字；终端的液晶显示屏对比度宜可调节或带背光功能；宜具备图形显示能力。

9.1.1.3 键盘

键盘应提供十进制数字(0~9)键及若干功能键的输入，应能输入字母。键盘使用寿命应达到每键可敲击300 000次以上。

若采用了带颜色的命令键，宜使用下面的颜色分配：

a） 确认：绿色；
b） 取消：红色；
c） 清除：黄色。

9.1.1.4 密码键盘

9.1.1.4.1 POS 应配有密码键盘,连接方式有以下两种:

——与终端集成在一起的内置密码键盘;

——与终端通过通信线连接的外置密码键盘。

9.1.1.4.2 密码键盘内部应包含具有加密运算处理功能的专用器件,用于完成报文加密、解密、校验码(MAC)计算和验证。密码键盘应能安全地存储密钥,防止被读取。应可存储及选用多组密钥。

9.1.1.4.3 密码键盘应至少具有 10 个数字键和若干功能键。功能键应至少包括“清除”和“确认”两种功能;独立密码键盘至少应具有一行数字或字母显示屏。键盘使用寿命应达到每键敲击 300 000 次以上。

9.1.1.4.4 交易金额应显示在密码键盘的显示屏上。用户键入密码时,密码键盘的显示屏上不应显示明文,应显示“*”。密码键盘与 POS 终端之间的关键数据传送应以密文的形式进行,如下载主密钥。

9.1.1.5 非接触式读卡器

9.1.1.5.1 非接触式读卡器具有以下两种类型:

a) 与终端集成在一起的内置非接触式读卡器。

b) 与终端通过通信线连接的外置非接触式读卡器。外置非接触式读卡器包括:

   1) 独立非接触式读卡器;

   2) 与密码键盘集成在一起的非接触式读卡器。

9.1.1.5.2 非接触式读卡器应具备明显的标识,标明非接触读卡区域。如果读卡区域在显示屏下方,在交易时应在显示屏上显示非接触读卡标识。

9.1.1.6 打印机

打印机选用点阵击打式或热敏纸记录式打印机,可内置或外接。打印要求如下:

a) 打印应支持 ASCII 可视字符,汉字应按照 GB 5007.1、GB 5199、GB 13000 或 GB 18030 的要求;

b) 无故障打印凭证张数不应少于 50 000 张;

c) 打印机走纸定位应准确,点阵击打式打印机应至少能打印三联压感复写凭证;

d) 打印机应具有过热保护功能;

e) 打印字迹清晰均匀、字体饱满无形变。

9.1.1.7 存储器

终端应具有足够的存储容量来存放应用程序、密钥、交易数据和其他参数等,并确保在断电后数据不丢失。在保证完成交易功能的前提下,单一批次内,终端应能够保存 300 笔以上的交易流水。

9.1.1.8 通信端口

POS 应以联机方式与 TSM 平台进行通信,通信端口应支持以下全部或部分类型的通信方式:

a) 串口通信;

b) MODEM 通信;

c) 红外通信;

d) 无线通信;

e) 以太网通信;

f) 其他。

9.1.2 自助终端硬件

9.1.2.1 基本要求

自助终端硬件应符合 GB/T 23647—2009 第 4 章的规定。

9.1.2.2 设计要求

自助终端的硬件设计满足以下要求:

a） 应具备防火、防盗、防尘、防淋、防震和防暴等要求，保证人身安全；

b） 配置的密封装置及门锁耐久、安全且可靠，应符合 GA/T 73 的规定，对异常情况有报警及日志记录功能；

c） 硬件系统和各模块单元的逻辑设计应尽量采用统一校验等技术，并留有适当的逻辑余量；

d） 硬件系统应具备自检功能；

e） 框架和机柜应有一定的刚度和强度，以防止由于空间变动、部件变松或移位造成的全部或部分损坏，并应防止和减少部件发生火灾、电冲击和人身伤害的可能性；

f） 外形应具备人性化特点，客户操作应感到舒适方便；

g） 安全模块应遵循严格的密钥机制，保证用户个人信息及 PIN 等账户信息的安全。

9.1.2.3 外观和结构

自助终端的外观和结构应满足以下条件：

a） 表面没有明显的凹痕、划伤、裂缝、变形和污染等，表面涂镀层均匀，不起泡、龟裂、脱落和磨损，金属零部件没有锈蚀及其他机械损伤；

b） 零部件紧固无松动，键盘、开关及其他活动部件的动作灵活可靠。

9.1.2.4 触摸屏输入

正常使用情况下，触摸屏的触摸反应时间不应大于 20ms；透光率不应小于 95%；单点触摸的使用寿命不应小于 3 500 万次。

9.1.2.5 密码键盘

自助终端的密码键盘采用加密 PIN 键盘（EPP）实现。PIN 键盘包含一个内嵌的密码模块，完成 PIN 加密和密钥管理的任务。为了用户方便，EPP 的密码模块（CM）还应提供其他密码加密服务，比如报文加密和报文鉴别。密码键盘应符合 ISO 8731-1、ISO 13491-1、ISO 9564-2 和 ISO 11568 的规定。

9.1.2.6 非接触式读卡模块

非接触式读卡模块应符合 JT/T 978.5 的规定，宜采用内嵌式模块。

非接触式读卡模块应具备明显的标识，标明非接触读卡区域。

9.1.2.7 通信端口

SE 应用管理终端（自助终端）应以联机方式与 TSM 平台进行通信。通信端口应支持以下全部或部分类型的通信方式：

a） 串口通信；

b） MODEM 通信；

c） 红外通信；

d） 无线通信；

e） 以太网通信；

f） 其他。

9.1.2.8 电气安全

自助终端的电气安全要求应符合 GB 4943.1 的规定。

9.1.2.9 电磁兼容性

9.1.2.9.1 无线电骚扰限值

自助终端的无线电骚扰限值应符合 GB 9254 的规定。

9.1.2.9.2 抗扰度限值

自助终端的抗扰度限值应符合 GB/T 17618 的规定。

9.1.2.9.3 谐波电流限值

自助终端的谐波电流限值应符合 GB 17625.1 的有关规定。

9.1.2.10 其他

自助终端其他部件性能应确保 SE 应用管理终端功能的实现。

9.2 软件要求

9.2.1 系统软件要求

SE 应用管理终端的软件要求见 6.2.1。

9.2.2 二次开发平台

SE 应用管理终端二次开发平台要求见 6.2.2。

9.2.3 模块化结构

SE 应用管理终端的模块化结构要求见 6.2.3。

9.2.4 功能模块

SE 应用管理终端功能应包括以下功能:

a) 自检:SE 应用管理终端开机后应对硬件状态进行检测和报警。
b) 操作员签到:操作员开机后,键入操作员代码和密码,SE 应用管理终端验证操作员的合法性。签到成功后操作员可对 SE 应用管理终端进行操作。
c) 终端签到:SE 应用管理终端与管理平台签到采用联机方式,签到成功后才允许做其他交易。
d) 终端签退:SE 应用管理终端可具备签退功能,签退后的终端应显示签退提示。
e) 应用下载:通过 TSM 平台将应用程序通过 SE 应用管理终端发送并安装到移动支付终端 SE 内。
f) 应用个人化:通过 SE 应用管理终端进行移动支付终端 SE 应用个人化。
g) 应用列表查询:通过 SE 应用管理终端查询移动支付终端 SE 应用列表。
h) 应用详细查询:通过 SE 应用管理终端查询移动支付终端 SE 应用信息。
i) 应用同步:通过 SE 应用管理终端将移动支付终端上的 SE 应用和相关状态上送到系统。
g) 应用删除:通过 SE 应用管理终端删除移动支付终端上的指定 SE 应用。
k) 应用锁定:通过 SE 应用管理终端对移动支付终端的 SE 应用进行锁定。
l) 应用解锁:通过 SE 应用管理终端对移动支付终端锁定的 SE 应用进行解锁。
m) 应用远程管理同步:通过 SE 应用管理终端对移动支付终端远程设定的 SE 应用进行同步。
n) SE 激活:通过 SE 应用管理终端对移动支付终端的 SE 进行激活。
o) SE 锁定:通过 SE 应用管理终端对移动支付终端的 SE 进行锁定。
p) SE 终止:通过 SE 应用管理终端对移动支付终端的 SE 进行终止使用。
q) 安全域锁定:通过 SE 应用管理终端对移动支付终端的安全域进行锁定。
r) 安全域解锁:通过 SE 应用管理终端对移动支付终端锁定的安全域进行解锁。
s) 安全域终止:通过 SE 应用管理终端对移动支付终端的安全域进行终止使用。

9.3 安全要求

9.3.1 安全管理

SE 应用管理终端开机后应对硬件状态进行检测和报警。自检结束后自动进入工作状态。在工作状态中,操作员也可通过选择功能设置对 SE 应用管理终端进行自检。自检完毕返回工作状态。

9.3.2 POS 集成安全

9.3.2.1 配置管理

对设备集成到密码输入终端进行安全性评估时,应明确定义其物理和逻辑安全界定,如 PIN 输入和读卡器各自的功能。

9.3.2.2 PIN 输入功能集成

PIN 输入功能集成要求如下:

a) 应保证通过认证的安全器件在集成到 PIN 输入设备时,不降低整个设备的保护等级。
b) 对密码输入器的密码输入区域和其周围区域进行设计或改造时,应保证不会增加密码输入器受攻击的风险。
c) 终端在调用密码键盘执行 PIN 输入操作的时候,应遵循以下要求:
   1) 终端上如有消费金额的提示及输入 PIN 的提示,两个提示有明显区别;
   2) 终端进入到输入 PIN 的界面后不再允许输入其他非 PIN 数据;
   3) 终端进入到输入 PIN 的界面后,之前输入的金额部分不应修改。以防止用户在输入 PIN 的过程中误操作到修改金额部分而泄露 PIN;
   4) 终端进入到输入 PIN 操作阶段,禁止在终端上进行其他和 PIN 输入无关的人机交互的操作;若此时发生应用切换操作,或者显示屏的焦点从 PIN 输入界面移开,终端强制退出当前的 PIN 输入操作,且将本次 PIN 输入操作按失败处理;
   5) 进行 PIN 输入提示时,终端只接受诸如“Yes, ‖ — OK, ‖ — Cancel, ‖ or — No”等控制字符。

9.3.2.3 POS 的集成

POS 集成的要求如下:

a) 密码输入终端将已认证的安全设备进行物理和逻辑集成时,应确保不引入新的攻击途径;
b) 应保证在同一个设备中,安全组件与非安全组件之间有比较清晰的逻辑和物理隔离;
c) 应用执行过程中,显示给用户的动态信息和终端操作状态强制保持一致性。如果接收到来自外部设备更改用户动态显示信息和操作状态的命令,应保证该命令已被密码授权校验通过;
d) PIN 输入设备应保证只有一个支付密码输入接口,如一个键盘等。如果有其他可用于 PIN 输入接口,应限制该端口密码输入的使用,如无有效数字键、输入的数字不可用等。

9.3.2.4 设备移除的安全要求

设备移除的安全要求如下:

a) 终端应符合 5.2.4 中对 PIN 输入设备的规定;
b) 供应商应对文档持续维护更新,以保证终端集成使用者了解如何保护系统,对非法移除加以防止;
c) 对于嵌入式设备,应准确按照嵌入设备厂商提供的文档对系统加以保护,防止非法移除。

9.3.3 自助终端逻辑安全

9.3.3.1 非 PIN 数据输入

如自助终端的密码键盘需要输入非 PIN 数据,至少满足以下条件中的一个:

a) 提示信息由加密单元控制:应按照 5.2.4 对 PIN 输入设备的要求;
b) 改变用户界面提示攻击可能性分析:在未授权情况下,改变非 PIN 数据输入时显示的提示内容危及 PIN 安全;
c) 安全模式:自助终端应确保用户可见信息与操作状态之间的关联关系。

9.3.3.2 多应用

自助终端支持多个应用程序,应能将不同应用程序分离出来。每个应用程序不应干扰或篡改其他应用程序或自助终端的操作系统,包括修改属于其他程序的数据对象。

9.3.3.3 操作系统

自助终端操作系统只能包含设计应用所必需的零部件和服务。应以最少的特权配置和运行。

9.3.3.4 单一的PIN数据接口

自助终端仅能通过指定的接口接收PIN数据,如果另设有键盘,应阻止通过这个接口接收PIN数据。

9.3.4 传输报文加密

自助终端与TSM之间的报文应采用对称密钥的方式进行加密传输或进行数字签名。

9.3.5 交易密钥管理

9.3.5.1 二级密钥体系

终端密钥分为二级:TMK和WK。

9.3.5.2 TMK

用于对WK进行加密保护,每台终端与TSM平台共享唯一的TMK。

TMK应有安全保护措施,只能写入并参与运算,不能被读取。

9.3.5.3 WK

分为用于对PIN加密的密钥(PIK)以及进行MAC的密钥(MAK)。

由TSM平台的加密机产生,在终端每次签到时从TSM平台利用TMK加密后下载,并由TMK加密存储。

终端工作密钥在下载时应以密文传送,严禁明文传送。

9.3.5.4 终端MAC的算法

当SE应用管理终端采用8583协议报文格式时,从报文消息类型(MTI)到63域之间的部分构成MAC ELEMEMENT BLOCK(MAB),采用电子密码本(ECB)工作方式,加密结果为128位的MAC。如采用可扩展语言(XML)报文格式,由TSM平台自行定义。

注:8583协议基于ISO 8583协议国际标准的包格式的通信协议。

9.3.5.5 PIN加密

PIN加密采用ANSI X 9.8 Format(带主账号信息)。

加密算法采用双倍长密钥算法。

9.3.6 PIN输入安全

应按照5.2.4对PIN输入设备的要求。

ICS 03.220.20;35.240.15
R 85
备案号:

中华人民共和国交通运输行业标准

JT/T 1059.8—2016

交通一卡通移动支付技术规范 第8部分:检测项目

Technical specification for mobile payment of transport card—
Part8:Test specification

2016-04-08 发布

2016-07-01 实施

中华人民共和国交通运输部 发布

目　次

前　言

JT/T 1059《交通一卡通移动支付技术规范》分为 8 个部分：

——第 1 部分：总则；

——第 2 部分：安全单元；

——第 3 部分：近场支付；

——第 4 部分：远程支付；

——第 5 部分：客户端软件；

——第 6 部分：可信服务管理系统；

——第 7 部分：终端设备；

——第 8 部分：检测项目。

本部分为 JT/T 1059 的第 8 部分。

本部分按照 GB/T 1.1—2009 给出的规则起草。

本部分由交通运输部运输服务司提出。

本部分由交通运输信息通信及导航标准化技术委员会归口。

本部分起草单位：北京中交金卡科技有限公司、北京市政交通一卡通有限公司、南京市市民卡有限公司、银行卡检测中心、武汉城市一卡通有限公司、北京中电华大电子设计有限公司。

本部分主要起草人：李岚、王一路、康雪、唐猛、邢国敬、陈文革、张必成、惠思涌、张策、安燾、王睿。

交通一卡通移动支付技术规范
第8部分:检测项目

1 范围

JT/T 1059 的本部分规定了交通一卡通移动支付的可信服务管理系统、客户端、终端设备及安全单元的检测项目。

本部分适用于交通一卡通移动支付相关产品的试验、检测、产品认证及标准符合性检测。

2 规范性引用文件

下列文件对于本文件的应用是必不可少的。凡是注日期的引用文件,仅注日期的版本适用于本文件。凡是不注日期的引用文件,其最新版本(包括所有的修改单)适用于本文件。

JT/T 978.7—2015 城市公共交通 IC 卡技术规范 第7部分:检测项目

JT/T 1059.1 交通一卡通移动支付技术规范 第1部分:总则

JT/T 1059.2—2016 交通一卡通移动支付技术规范 第2部分:安全单元

3 术语和定义

JT/T 1059.1 及 JT/T 1059.2 界定的以及下列术语和定义适用于本文件。

3.1

威胁 threats

任何强迫导致负面影响的行为,如机密信息的非授权泄露。

3.2

攻击 attack

为达到与安全保护相反的目标,行为实施者所进行的行为。

3.3

反向工程 reverse engineering

通过拆解、测绘和跟踪等技术手段对取得的产品(安全芯片和软件等)进行分析获得有关产品技术信息的行为。

3.4

单粒子效应 single event effect

高能带电粒子在器件的灵敏区内产生大量带电粒子的现象,又称单事件效应。

3.5

测试模式 test mode

安全芯片出厂时,进行必要的功能验证所需的一种安全芯片状态,包括圆片测试模式或固件测试模式,在测试模式下可对安全芯片的关键参数和敏感信息访问。

3.6

随机数发生器　random number generator

通过一些算法、物理信号、环境噪声等来产生没有关联性的数列的模块。

3.7

工作密钥　working key

通常指个人识别码加密密钥和校验码计算的密钥，也称为数据密钥。

3.8

终端主密钥　terminal master key

用于加密终端工作密钥的密钥。

3.9

身份鉴别　authentication

用来验证身份或证实信息完整性的过程。

3.10

密码键盘　encrypting PIN pad

用于自助个人识别码受理装置中安全输入个人识别码和加密的装置。

3.11

物理安全性　physical security

设备在物理构造上抵御攻击的能力。

3.12

密钥管理　key management

整个密钥生命周期中对密钥和相关参数的操作，包括生成、存储、分发、注入、使用、删除、销毁和存档等。

3.13

授权管理者　controlling authority

对安全单元内容拥有管理控制权限的角色。

3.14

加载文件　load file

传送加载到多应用安全单元上的某种文件，包含了加载文件数据块以及一个或者多个数据认证格式数据块。

3.15

组织安全策略　organizational security policies

一个组织为其运转而强制推行的一个或多个安全规则、过程、规范和指南。

3.16

个人化　personalization

安全单元发行者职责的最后流程，通过该流程配置安全单元、装载安全参数和设置密钥。个人化流程结束后，安全单元就可以完全操作并可发到最终用户手中。

3.17

安全属性　security attribute

用于执行评估对象安全策略的用户、主体、客体、信息或资源的特征。

3.18

评估对象　target of evaluation

作为评估主体的一个 IT 产品或系统以及相关的指导性文档。

3.19

安全功能　security function

评估对象的一个或多个功能，用于执行评估对象安全策略的一组紧密相关的规则子集。

3.20

令牌　token

安全单元发行方出具的一个加密值。

3.21

可信路径　trusted path

用户能同一个评估对象安全功能进行信任通信，以支持评估对象安全策略的一种手段。

4　缩略语

以下缩略语适用于本文件。

AID——应用程序标识符(Application Identifier)

ARP——地址解析协议(Address Resolution Protocol)

DDoS——分布式拒绝服务(Distributed Denial of Service)

DFA——差分错误分析(Differential Fault Analysis)

DoS——拒绝服务(Denial of Service)

DPA——差分功耗分析(Differential Power Analysis)

EEPROM——电可擦可编程只读存储器(Electrically Erasable Programmable Read-Only Memory)

EMA——电磁分析(Electro-Magnetic Analysis)

EPP——密码键盘(Encrypting PIN Pad)

FIB——聚焦离子束(Focused Ion Beam)

IP——网际协议(Internet Protocol)

IT——信息技术(Information Technology)

KEK——密钥加密密钥(Key Encryption Key)

PAMID——支付账户介质识别码(Payment Account Media Identifier)

PIN——个人识别码(Personal Identification Number)

QoS——服务质量(Quality of Service)

RAM——随机存储器(Random Access Memory)

ROM——只读存储器(Read-Only Memory)

SE——安全单元(Security Element)

SF——安全功能(Security Function)

SPA——简单功耗分析(Simple Power Analysis)

TMK——终端主密钥(Terminal Master Key)

TOE——评估对象(Target of Evaluation)

TOKEN——令牌化(Tokenization)

TSM——可信服务管理(Trusted Service Management)

WK——工作密钥(Working Key)

5 可信服务管理系统检测项目

5.1 基本要求

检测项目类型分为必测项、非必测项、适用必测项(若产品硬件或软件具备该功能或满足要求时为必测项目)。

5.2 功能检测项目

功能检测是验证交通一卡通移动支付 TSM 平台业务功能正确性、检测系统业务处理准确性的测试。交通一卡通移动支付 TSM 平台功能检测项目见表 1。

表 1 功能检测项目

序 号	检 测 项 目		检测项目说明
1	PAMID 管理	PAMID 生成	发行方 TSM 必测项
		PAMID 查询	发行方 TSM 必测项
2	SE 的生命周期管理	SE 的个人化与注册	发行方 TSM 必测项
		SE 的合法性检查	发行方 TSM 必测项
		SE 的终止	发行方 TSM 必测项
		SE 的挂失与解挂	发行方 TSM 必测项
		SE 的锁定与解锁	发行方 TSM 必测项
		SE 状态查询	发行方 TSM 必测项
		SE 应用信息查询	发行方 TSM 必测项
		SE 空间使用情况查询	非必测项
		SE 状态同步	发行方 TSM 必测项
		SE 重置	非必测项
		主安全域密钥更新	非必测项
3	辅助安全域 生命周期管理	辅助安全域的创建	发行方 TSM 必测项
		辅助安全域的删除	发行方 TSM 必测项
		辅助安全域的锁定/解锁	发行方 TSM 必测项
		辅助安全域密钥更新	发行方 TSM 必测项
		辅助安全域空间使用情况查询	非必测项
4	应用生命周期管理	应用查询	发行方 TSM 必测项
		应用下载与实例化	必测项
		应用个人化	应用提供方 TSM 必测项
		应用锁定/解锁	应用提供方 TSM 必测项
		应用删除	应用提供方 TSM 必测项
		远程管理指令同步	发行方 TSM 必测项
		SE 应用同步	发行方 TSM 必测项
5	合作 TSM 管理	合作 TSM 管理	非必测项

表1(续)

序　号	检　测　项　目		检测项目说明
6	应用提供方管理	注册	应用提供方 TSM 必测项
		审核	应用提供方 TSM 必测项
		更新	应用提供方 TSM 必测项
		状态变更	应用提供方 TSM 必测项
7	应用管理	AID 申请	应用提供方 TSM 必测项
		上传	应用提供方 TSM 必测项
		审核	应用提供方 TSM 必测项
		发布	应用提供方 TSM 必测项
		更新	应用提供方 TSM 必测项
		下架	应用提供方 TSM 必测项
8	支付业务公共电子认证证书管理	远程支付公共电子认证证书下载安装	非必测项
		近场支付公共电子认证证书下载安装	非必测项
9	报表管理	报表管理	非必测项

5.3 性能检测项目

性能检测项目是验证交通一卡通移动支付 TSM 平台是否满足未来业务运行性能需求的检测项目，检测内容包括时间特性和资源利用性两方面。

交通一卡通移动支付 TSM 平台性能检测项目见表2。

表2　性能检测项目

序　号	检　测　项　目			检测项目说明
1	时间特性	SE 的生命周期管理	SE 的个人化与注册	发行方 TSM 必测项
			SE 的合法性检查	发行方 TSM 必测项
		辅助安全域生命周期管理	辅助安全域的创建请求	发行方 TSM 必测项
		应用生命周期管理	应用查询	发行方 TSM 必测项
			应用下载请求	必测项
			应用个人化请求	应用提供方 TSM 必测项
2	资源利用性	检测过程中服务器资源占用情况		必测项
		压力解除后服务器资源释放情况		必测项

5.4 安全性检测项目

5.4.1 物理安全

交通一卡通移动支付TSM平台物理安全检测项目见表3。

表3 物理安全检测项目

序　号	检测项目		检测项目说明
1	物理位置选择	机房和办公场地所在建筑物	必测项
		建筑物内机房位置	必测项
2	物理访问控制	机房设置电子门禁系统	必测项
		来访人员申请和审批	必测项
		机房划分区域管理	必测项
		重要区域第二道电子门禁系统（增强要求）	非必测项
3	防盗窃和防破坏	主要设备放置	必测项
		设备固定	必测项
		通信线缆铺设	必测项
		介质保管	必测项
		机房防盗报警系统	必测项
		机房监控报警系统	必测项
4	防雷击	避雷装置	必测项
		防雷保安器	必测项
		交流电源地线	必测项
5	防火	火灾自动消防系统	必测项
		耐火建筑材料	必测项
		采用区域隔离防火措施	必测项
6	防水和防潮	水管安装	必测项
		防雨水措施	必测项
		防水检测和报警	必测项
7	防静电	接地防静电措施	必测项
		防静电地板	必测项
		静电消除器（增强要求）	非必测项
8	温湿度控制	温湿度自动调节设施	必测项
9	电力供应	供电线路防护设备	必测项
		备用电力供应	必测项
		冗余电力电缆线路	必测项
		备用供电系统	必测项
10	电磁防护	防止电磁干扰	必测项
		线缆隔离铺设	必测项
		关键区域电磁屏蔽（增强要求）	非必测项

5.4.2 网络安全

交通一卡通移动支付 TSM 平台网络安全检测项目见表 4。

表 4 网络安全检测项目

序 号	检 测 项 目		检测项目说明
1	结构安全	主要设备网络冗余	必测项
		设备网络冗余(增强要求)	非必测项
		网络安全路由	必测项
		网络安全隔离	必测项
		网络拓扑结构	必测项
		IP 子网划分	必测项
		QoS 保证	必测项
2	访问控制	网络域安全隔离和限制	必测项
		地址转换和绑定	必测项
		内容过滤	必测项
		访问控制	必测项
		网络流量及连接数控制	必测项
		会话网络连接控制	必测项
		远程拨号访问控制	必测项
3	安全审计	日志信息	必测项
		网络对象审计分析	必测项
		日志权限和保护	必测项
		审计跟踪极限(增强要求)	非必测项
		集中审计(增强要求)	非必测项
4	边界完整性检查	非法连接阻断和定位	必测项
5	入侵防范	网络 ARP 欺骗攻击	必测项
		信息窃取	必测项
		DOS/DDOS 攻击	必测项
		网络入侵防范机制	必测项
6	恶意代码防范	恶意代码防范措施	必测项
		定时更新	必测项
7	网络设备防护	网络设备用户身份鉴别	必测项
		主要网络设备用户组合身份鉴别	必测项
		身份鉴别信息不可伪造(增强要求)	非必测项
		登录口令安全性	必测项
		登录地址限制	必测项

表4(续)

序　号	检　测　项　目		检测项目说明
7	网络设备防护	登录失败处理	必测项
		远程管理安全	必测项
		权限分离	必测项
8	网络安全管理	网络日常维护	必测项
		网络设备软件更新	必测项
		漏洞扫描	必测项
		设备最小服务配置	必测项
		外部连接	必测项
		移动设备的网络接入控制	必测项
		定期检查违规行为	必测项

5.4.3　主机安全

交通一卡通移动支付TSM平台主机安全检测项目见表5。

表5　主机安全检测项目

序　号	检　测　项　目		检测项目说明
1	身份鉴别	用户身份标识和鉴别	必测项
		口令复杂度	必测项
		登录失败处理	必测项
		远程管理的传输模式	必测项
		用户标识唯一	必测项
		用户身份信息组合鉴别技术	必测项
		鉴别警示信息设置(增强要求)	非必测项
2	访问控制	用户身份鉴别信息不可伪造(增强要求)	非必测项
		访问控制策略	必测项
		管理用户角色权限分配	必测项
		特权用户权限分离	必测项
		默认账户访问权限控制	必测项
		账户控制	必测项
		重要信息敏感标记(增强要求)	非必测项
		敏感标记信息访问控制(增强要求)	非必测项
3	安全审计	审计范围	必测项
		审计的事件	必测项
		审计记录格式	必测项

表5(续)

序 号	检 测 项 目		检测项目说明
3	安全审计	审计报表生成	必测项
		审计进程保护	必测项
		审计记录保护	必测项
		集中审计(增强要求)	非必测项
4	剩余信息保护	鉴别信息清除	必测项
		记录清空	必测项
5	入侵防范	入侵行为记录和报警	必测项
		重要程序完整性保护	必测项
		最小安装原则	必测项
6	恶意代码防范	防恶意代码软件	必测项
		不同恶意代码库	必测项
		防恶意代码软件统一管理	必测项
7	资源控制	接入控制	必测项
		超时锁定	必测项
		主机资源监控	必测项
		单个用户资源使用限度控制	必测项
		系统服务水平监控和报警	必测项
8	可信路径	身份鉴别信息传输(增强要求)	非必测项
		系统访问信息传输(增强要求)	非必测项
9	系统安全管理	访问控制策略	必测项
		系统漏洞扫描	必测项
		系统补丁	必测项
		系统管理员权限	必测项
		操作日志管理	必测项

5.4.4 数据安全

交通一卡通移动支付TSM平台数据安全检测项目见表6。

表6 数据安全检测项目

序 号	检 测 项 目		检测项目说明
1	数据完整性	传输过程数据完整性	必测项
		存储过程数据完整性	必测项
2	数据保密性	数据加密传输	必测项
		数据加密存储	必测项

表 6(续)

序 号	检 测 项 目		检测项目说明
3	备份和恢复	本地备份和恢复	必测项
		异地备份	必测项
		关键链路冗余设计	必测项
		数据备份记录	必测项
		备份数据定期检查	必测项
4	报文安全	报文完整性验证	必测项
		报文私密性	必测项
5	安全算法	对称加密算法	必测项
		非对称加密算法	必测项
		杂凑算法	必测项
6	密钥管理	密钥生成	必测项
		密钥传输	必测项
		密钥存储	必测项
		密钥备份	必测项
		密钥恢复	必测项
		密钥归档	必测项
		密钥销毁	必测项
		密钥更新	必测项

5.4.5 TSM 应用安全

交通一卡通移动支付 TSM 平台的 TSM 应用安全检测项目见表 7。

表 7 TSM 应用安全检测项目

序 号	检 测 项 目		检测项目说明
1	身份鉴别	用户身份标识和鉴别	必测项
		用户身份组合鉴别技术	必测项
		身份标识唯一性和复杂度检查	必测项
		登录失败处理	必测项
		用户身份组合鉴别技术不可伪造(增强要求)	非必测项
2	访问控制	访问控制策略	必测项
		访问控制覆盖范围	必测项
		默认账户访问权限控制	必测项
		用户角色权限	必测项
		敏感标记设置(增强要求)	非必测项

表7(续)

序　号	检　测　项　目		检测项目说明
2	访问控制	敏感标记信息资源访问控制(增强要求)	非必测项
		禁止默认账户访问(增强要求)	非必测项
3	可信路径	身份鉴别信息安全传输路径	必测项
		资源访问信息安全传输路径	必测项
4	安全审计	审计范围	必测项
		审计保护	必测项
		审计记录格式	必测项
		审计报表生成	必测项
		集中审计接口(增强要求)	非必测项
5	剩余信息保护	鉴别信息清除(增强要求)	非必测项
		记录清空(增强要求)	非必测项
6	通信完整性	通信完整性(增强要求)	非必测项
7	通信保密性	会话初始化验证	必测项
		通信过程中加密	必测项
		加解密运算和密钥管理(增强要求)	非必测项
8	抗抵赖	数据原发证据	必测项
		数据接收证据	必测项
9	应用容错	数据有效性验证	必测项
		自动保护	必测项
		敏感信息回退清除	必测项
		页面异常信息处理后显示	必测项
		异常详细信息日志	必测项
		自动恢复(增强要求)	非必测项
10	资源控制	自动结束会话	必测项
		最大并发会话连接数限制	必测项
		多重并发会话限制	必测项
		时间段内并发会话控制	必测项
		限额分配(增强要求)	非必测项
		系统服务水平最小值检测报警	必测项
		服务优先级设定(增强要求)	非必测项
11	应用服务器安全	防止网站身份被仿冒	必测项
		未授权存取动作防范	必测项
		防范应用内容被篡改	必测项

表7(续)

序 号	检测项目		检测项目说明
12	会话安全	会话标识唯一性	必测项
		防止未经授权访问	必测项
		会话超时时间设置	必测项
		及时清除会话信息	必测项
		防止会话令牌窃取	必测项
		应用审计日志(增强要求)	非必测项
13	常见攻击防范	服务器端数据有效性检查	必测项
		防暴力破解静态密码	必测项
		代码审查	必测项
		开发安全接口	必测项
		服务器端拒绝服务攻击防范	必测项
		文件上传下载访问控制	必测项
		数据库存储过程或参数化(增强要求)	非必测项
		应用程序检查(增强要求)	非必测项
		客户端安全控件(增强要求)	非必测项
14	初始化安全要求	基本要求	必测项
		密钥安全要求	必测项
		证书安全要求	必测项
		证书申请	必测项
		证书有效期	必测项
15	SE 应用下载安全	SE 应用下载安全	必测项
16	SE 开通终端安全要求	传输报文加密	必测项
		读写终端相关安全要求	必测项
17	终端与 TSM	传输安全	必测项
		业务数据安全	必测项
		会话密钥	必测项
18	TSM 与应用提供方	传输安全	必测项
		业务数据安全	必测项
19	交通一卡通移动支付平台与 TSM 安全技术要求	交通一卡通移动支付平台与 TSM 安全技术要求	必测项

5.4.6 管理安全

交通一卡通移动支付 TSM 平台管理安全检测项目见表 8。

表 8　管理安全检测项目

序　号	检 测 项 目		检测项目说明
1	组织机构	安全管理架构	必测项
		部门和人员职责	必测项
		风险管理架构	必测项
2	管理制度	建立管理制度体系	必测项
		建立贯穿支付系统的过程	必测项
		安全管理制度审计	必测项
		网络安全管理制度	必测项
		系统安全管理制度	必测项
3	安全策略	制订安全保障目标	必测项
		制订安全策略	必测项
		维护资产清单	必测项
		风险定义与规避	必测项
		安全级别定义与保护措施制订（增强要求）	非必测项
4	人员和文档管理	信息安全管理岗位	必测项
		涉密岗位安全	必测项
		关键岗位人员后备措施	必测项
		员工岗位调动或离职	必测项
		外来人员管理制度	必测项
		文档管理制度	必测项

5.4.7 运行维护安全

交通一卡通移动支付 TSM 平台运行维护安全检测项目见表 9。

表 9　运行维护安全检测项目

序　号	检 测 项 目		检测项目说明
1	环境管理	机房基本设施定期维护	必测项
		办公环境的保密性措施	必测项
		机房安全管理制度	必测项
		机房进出登记表	必测项
2	资产管理	资产清单	必测项
		资产安全管理制度	必测项
		资产标识	必测项
		资产信息规范化管理	必测项

表 9(续)

序 号	检 测 项 目		检测项目说明
3	介质管理	介质的使用管理文档化	必测项
		介质的存放环境保护措施	必测项
		介质管理记录	必测项
		介质的维修与销毁	必测项
		介质异地存储	必测项
		介质的分类与标识	必测项
4	设备管理	设施、设备定期维护	必测项
		设备选型、采购、发放等的审批控制	必测项
		设备维护管理制度	必测项
		设备操作规程	必测项
		设备外带管理	必测项
5	监控管理	主要设备指标监控	必测项
		异常处理机制	必测项
		安全管理中心	必测项
6	密码管理	密码使用管理制度	必测项
7	变更管理	变更方案	必测项
		变更制度化管理	必测项
		重要系统变更的批准	必测项
		变更中止与变更恢复	必测项
8	备份与恢复管理	定期备份	必测项
		备份与恢复管理制度	必测项
		数据的备份策略和恢复策略	必测项
		备份恢复过程记录	必测项
		定期检查备份介质有效性	必测项
9	安全事件处置	安全事件报告和处置	必测项
		安全事件的分类和分级	必测项
		安全事件记录和采取的措施	必测项
10	应急预案管理	制订不同事件的应急预案	必测项
		应急预案资源保障	必测项
		相关人员应急预案培训	必测项
		定期演练	必测项
		应急预案定期审查	必测项

5.4.8 业务连续性

交通一卡通移动支付 TSM 平台业务连续性检测项目见表 10。

表10　业务连续性检测项目

序　号	检 测 项 目		检测项目说明
1	业务连续性需求分析	业务中断影响分析	必测项
		灾难恢复时间目标和恢复点目标	必测项
2	业务连续性技术环境	备份机房	必测项
		网络双链路	必测项
		网络设备和服务器备份	必测项
		高可靠的磁盘阵列	必测项
		远程数据库备份	必测项
3	业务连续性管理	业务连续性管理制度	必测项
		应急响应流程	必测项
		恢复预案	必测项
		数据备份和恢复制度	必测项
4	日常维护	业务连续性演练	必测项
		定期业务连续性培训	必测项

5.4.9　文档检测项目

对TSM平台的用户文档、开发文档及管理文档的完备性、一致性、正确性和规范性，以及是否符合行业标准，是否遵从更新控制和配置管理的要求等方面进行检测，检测项目见表11。

表11　文档检测项目列表

序　号	检 测 项 目		检测项目说明
1	用户文档	用户手册	必测项
		操作手册	必测项
2	开发文档	需求说明书	必测项
		需求分析文档	必测项
		总体设计方案	必测项
		数据库设计方案	必测项
		概要设计文档	必测项
		详细设计文档	必测项
		工程实施方案	必测项
3	管理文档	测试报告	必测项
		系统运维手册	必测项
		系统应急手册	必测项
		运维管理制度	必测项
		安全管理制度	必测项
		安全审计报告	必测项

5.5 接口检测项目

5.5.1 检测内容

对于接入交通一卡通移动支付公共服务平台的TSM平台,需要对TSM平台与交通一卡通移动支付公共服务平台间接口进行检测。接口检测项目包括报文格式检测项目和业务处理检测项目。

5.5.2 报文格式检测项目

报文格式检测项目见表12。

表12 报文格式检测项目

序号	检测项目		检测项目说明
1	报文结构	报文头	必测项
		数字签名域	必测项
		报文体	必测项
2	报文头格式	报文头格式	必测项
3	数字签名域	数字签名域	必测项
4	报文体	业务头	必测项
		业务体	必测项
		格式检查	必测项
		加密传输	必测项
5	报文编号	系统编号	必测项
		报文编号	必测项
6	其他约束	报文转发处理规则	必测项
		报文交换规则	必测项

5.5.3 业务处理检测项目

业务处理检测项目见表13。

表13 业务处理检测项目

序号	检测项目		检测说明
1	应用业务状态通知	应用业务状态通知请求报文	必测项
		应用业务状态通知响应报文	必测项
2	应用全网查询	应用全网查询请求报文	必测项
		应用全网查询响应报文	必测项
3	应用管理操作	应用管理操作请求报文	必测项
		应用管理操作响应报文	必测项
4	TOKEN申请	TOKEN申请请求报文	必测项
		TOKEN申请响应报文	必测项

表 13(续)

序 号	检 测 项 目		检 测 说 明
5	写卡结果通知	写卡结果通知请求报文	必测项
		写卡结果通知响应报文	必测项
6	应用状态通知	应用状态通知请求报文	必测项
		应用状态通知响应报文	必测项
7	应用个人化	应用个人化请求报文	必测项
		应用个人化响应报文	必测项
8	认证申请	认证申请请求报文	必测项
		认证申请响应报文	必测项
9	SE 状态通知	SE 状态通知请求报文	必测项
		SE 状态通知响应报文	必测项

6 客户端检测项目

6.1 基本检测项目

客户端的基本检测项目见表 14。

表 14 客户端的基本检测项目

序 号	检 测 项 目		检测项目说明
1	开发与维护	开发环境	必测项
		编码漏洞	必测项
		安全补丁	必测项
		配置管理	必测项
		质量检测	必测项
		发布管理	必测项
2	安装与卸载	下载获取	必测项
		安装注册	必测项
		卸载清除	必测项
3	文档支持	用户类文档	必测项
		工程类文档	必测项
		管理类文档	必测项

6.2 功能检测项目

客户端的功能检测项目见表 15。

表 15　客户端的功能检测项目

序　号	检 测 项 目		检测项目说明
1	兼容性	硬件兼容性	必测项
		操作系统兼容性	必测项
		与其他应用程序的兼容性	必测项
		浏览器兼容性	必测项
2	版本升级	版本升级	必测项
3	SE 管理	SE 注册	必测项
		SE 应用下载安装	必测项
		SE 应用查询	必测项
		SE 应用卸载	必测项
4	消费交易	消费交易	可测项
5	远程圈存	远程圈存	必测项
6	联机查询	联机查询	必测项
7	脚本处理结果通知	脚本处理结果通知	必测项
8	卡片信息查询	卡片信息查询	必测项
9	账户选择	账户选择	必测项
10	默认账户设置	默认账户设置	必测项
11	账户信息查询	账户信息查询	必测项

6.3　性能检测项目

客户端的性能检测项目见表 16。

表 16　客户端的性能检测项目

序　号	检 测 项 目	检测项目说明
1	登录	必测项
2	支付	必测项
3	交易	必测项

6.4　安全检测项目

客户端的安全检测项目见表 17。

表 17　客户端的安全检测项目

序　号	检 测 项 目		检测项目说明
1	人机交互安全	登录控制	必测项
		支付控制	必测项
		密码复杂度	必测项

表 17(续)

<table>
<tr><th>序 号</th><th colspan="3">检 测 项 目</th><th>检测项目说明</th></tr>
<tr><td rowspan="5">1</td><td rowspan="5">人机交互安全</td><td colspan="2">密码管理</td><td>必测项</td></tr>
<tr><td colspan="2">认证方式</td><td>必测项</td></tr>
<tr><td colspan="2">鉴别失败处理</td><td>必测项</td></tr>
<tr><td colspan="2">重鉴别</td><td>必测项</td></tr>
<tr><td colspan="2">移动支付终端交易异常处理</td><td>必测项</td></tr>
<tr><td rowspan="4">2</td><td rowspan="4">软件安全</td><td colspan="2">程序异常检测</td><td>必测项</td></tr>
<tr><td colspan="2">数据有效性校验</td><td>必测项</td></tr>
<tr><td colspan="2">程序调用</td><td>必测项</td></tr>
<tr><td colspan="2">反编译</td><td>必测项</td></tr>
<tr><td rowspan="11">3</td><td rowspan="11">数据安全</td><td rowspan="4">数据录入</td><td>敏感数据显示</td><td>必测项</td></tr>
<tr><td>敏感数据截获</td><td>必测项</td></tr>
<tr><td>数据篡改</td><td>必测项</td></tr>
<tr><td>数据访问</td><td>必测项</td></tr>
<tr><td rowspan="3">数据存储</td><td>敏感数据显示</td><td>必测项</td></tr>
<tr><td>用户身份认证信息存储安全</td><td>必测项</td></tr>
<tr><td>敏感信息显示</td><td>必测项</td></tr>
<tr><td rowspan="4">数据传输</td><td>残留敏感信息保护</td><td>必测项</td></tr>
<tr><td>远程数据传输保密性</td><td>必测项</td></tr>
<tr><td>本地数据传输保密性</td><td>必测项</td></tr>
<tr><td>数据传输完整性</td><td>必测项</td></tr>
<tr><td rowspan="3">4</td><td rowspan="3">通信安全</td><td colspan="2">网络通信协议</td><td>必测项</td></tr>
<tr><td colspan="2">安全认证</td><td>必测项</td></tr>
<tr><td colspan="2">抗抵赖</td><td>必测项</td></tr>
</table>

7 终端设备检测项目

7.1 读写终端

7.1.1 硬件检测项目

读写终端硬件及底层电气特性和通信协议检测项目应符合 JT/T 978.7—2015 中 7.1 的规定。

7.1.2 软件检测项目

读写终端软件检测项目见表 18。

表 18　读写终端软件检测项目

序　号	检 测 项 目	检测项目说明
1	系统软件要求	必测项
2	二次开发平台	适用必测
3	模块化结构	必测项
4	功能检测项目[a]	必测项
[a]功能检测项目应符合 JT/T 978.7—2015 中 7.2 的规定。		

7.2　移动终端

7.2.1　硬件检测项目

移动终端底层电气特性和通信协议检测项目应符合 JT/T 978.7—2015 中 7.1 的规定。

7.2.2　软件检测项目

移动终端软件检测项目见表 19。

表 19　移动终端软件检测项目

序　号	检 测 项 目	检测项目说明
1	软件启动要求	必测项
2	二次开发平台	适用必测
3	模块化结构	必测项
4	交易功能检测项目[a]	必测项
[a]交易功能检测项目应符合 JT/T 978.7—2015 中 7.2 的规定。		

7.3　分体式终端

7.3.1　硬件检测项目

分体式终端硬件检测项目见表 20。

表 20　分体式终端硬件检测项目

序　号	检 测 项 目	检测项目说明
1	非接触式读卡器	必测项
2	通信端口	必测项
3	存储器	必测项

7.3.2　软件检测项目

分体式终端软件检测项目见表 21。

表 21　分体式终端软件检测项目

序　号	检 测 项 目	检测项目说明
1	系统软件要求	必测项
2	二次开发平台	适用必测
3	模块化结构	必测项
4	交易功能检测项目[a]	必测项
[a]交易功能检测项目应符合 JT/T 978.7—2015 中 7.2 的规定。		

7.4　SE 应用管理终端

7.4.1　硬件检测项目

7.4.1.1　SE 应用管理终端(POS)

SE 应用管理终端(POS)硬件检测项目见表 22。

表 22　SE 应用管理终端(POS)硬件检测项目

序　号	检 测 项 目		检测项目说明
1	显示屏属性		必测项
2	键盘功能		适用必测
3	密码键盘		适用必测
4	非接触式读卡器		必测项
5	打印机		适用必测
6	存储器		适用必测
7	通信端口		适用必测
8	电源		必测项
9	硬件安全性		必测项
10	电磁兼容性	无线电干扰极限值	必测项
		抗扰度限值	必测项
11	对工作环境温湿度的要求		适用必测
12	抗跌落能力		必测项
13	可靠性		必测项

7.4.1.2　SE 应用管理终端(自助终端)

SE 应用管理终端(自助终端)硬件检测项目见表 23。

表 23　SE 应用管理终端(自助终端)硬件检测项目

序　号	检 测 项 目	检测项目说明
1	硬件设计原则	必测项
2	外观和结构	必测项

表 23(续)

<table>
<tr><th>序　号</th><th colspan="2">检 测 项 目</th><th>检测项目说明</th></tr>
<tr><td>3</td><td colspan="2">触摸屏输入</td><td>适用必测</td></tr>
<tr><td>4</td><td colspan="2">密码键盘</td><td>适用必测</td></tr>
<tr><td>5</td><td colspan="2">非接触式读卡模块</td><td>必测项</td></tr>
<tr><td>6</td><td colspan="2">通信端口</td><td>适用必测</td></tr>
<tr><td>7</td><td colspan="2">抗破坏能力</td><td>必测项</td></tr>
<tr><td>8</td><td colspan="2">抗破坏报警</td><td>必测项</td></tr>
<tr><td rowspan="2">9</td><td rowspan="2">电磁兼容性</td><td>无线电干扰极限值</td><td>适用必测</td></tr>
<tr><td>抗扰度限值</td><td>适用必测</td></tr>
</table>

7.4.2　软件检测项目

SE 应用管理终端软件检测项目见表 24。

表 24　SE 应用管理终端软件检测项目

<table>
<tr><th>序　号</th><th colspan="2">检 测 项 目</th><th>检测项目说明</th></tr>
<tr><td>1</td><td colspan="2">系统软件要求</td><td>必测项</td></tr>
<tr><td>2</td><td colspan="2">二次开发平台</td><td>适用必测</td></tr>
<tr><td>3</td><td colspan="2">模块化结构</td><td>必测项</td></tr>
<tr><td rowspan="18">4</td><td rowspan="18">功能检测项目</td><td>自检</td><td>适用必测</td></tr>
<tr><td>操作员签到</td><td>适用必测</td></tr>
<tr><td>终端签到</td><td>适用必测</td></tr>
<tr><td>终端签退</td><td>适用必测</td></tr>
<tr><td>应用下载</td><td>适用必测</td></tr>
<tr><td>应用个人化</td><td>适用必测</td></tr>
<tr><td>应用列表查询</td><td>适用必测</td></tr>
<tr><td>应用同步</td><td>适用必测</td></tr>
<tr><td>应用删除</td><td>适用必测</td></tr>
<tr><td>应用锁定</td><td>适用必测</td></tr>
<tr><td>应用解锁</td><td>适用必测</td></tr>
<tr><td>应用远程管理同步</td><td>适用必测</td></tr>
<tr><td>SE 激活</td><td>适用必测</td></tr>
<tr><td>SE 锁定</td><td>适用必测</td></tr>
<tr><td>SE 终止</td><td>适用必测</td></tr>
<tr><td>安全域锁定</td><td>适用必测</td></tr>
<tr><td>安全域解锁</td><td>适用必测</td></tr>
<tr><td>安全域终止</td><td>适用必测</td></tr>
</table>

7.4.3 安全检测项目

SE 应用管理终端安全检测项目见表 25。

表 25 SE 应用管理终端安全检测项目

<table>
<tr><th>序号</th><th colspan="2">检测项目</th><th>检测项目说明</th></tr>
<tr><td>1</td><td colspan="2">系统软件要求</td><td>必测项</td></tr>
<tr><td>2</td><td colspan="2">二次开发平台</td><td>适用必测</td></tr>
<tr><td>3</td><td>SE 应用管理终端安全管理检测</td><td>自检</td><td>必测项</td></tr>
<tr><td>4</td><td colspan="2">模块化结构</td><td>必测项</td></tr>
<tr><td rowspan="3">5</td><td rowspan="3">SE 应用管理终端(POS)集成安全要求</td><td>PIN 输入功能集成</td><td>适用必测</td></tr>
<tr><td>SE 应用管理的集成</td><td>必测项</td></tr>
<tr><td>设备移除的安全要求</td><td>适用必测</td></tr>
<tr><td>6</td><td rowspan="2">SE 应用管理终端(自助终端)逻辑安全</td><td>非 PIN 数据输入</td><td>适用必测</td></tr>
<tr><td>7</td><td>多应用</td><td>适用必测</td></tr>
<tr><td>8</td><td colspan="2">操作系统</td><td>必测项</td></tr>
<tr><td>9</td><td colspan="2">单一的个人识别码(PIN)数据接口</td><td>适用必测</td></tr>
<tr><td>10</td><td colspan="2">传输报文加密</td><td>适用必测</td></tr>
<tr><td rowspan="3">11</td><td rowspan="3">终端联机交易密钥管理</td><td>二级密钥体系</td><td>必测项</td></tr>
<tr><td>终端主密钥(TMK)</td><td>必测项</td></tr>
<tr><td>工作密钥(WK)</td><td>必测项</td></tr>
<tr><td>12</td><td colspan="2">终端 MAC 的算法</td><td>必测项</td></tr>
<tr><td rowspan="12">13</td><td rowspan="12">PIN 输入设备物理安全检测项目</td><td>入侵检测机制</td><td>必测项</td></tr>
<tr><td>独立安全机制</td><td>必测项</td></tr>
<tr><td>环境和操作条件改变适应性</td><td>必测项</td></tr>
<tr><td>敏感功能或信息保护</td><td>必测项</td></tr>
<tr><td>PIN 输入过程监控</td><td>必测项</td></tr>
<tr><td>密钥识别分析</td><td>必测项</td></tr>
<tr><td>设备显示的物理安全</td><td>必测项</td></tr>
<tr><td>防偷窥保护</td><td>必测项</td></tr>
<tr><td>磁条读卡器保护</td><td>适用必测</td></tr>
<tr><td>无人值守(自助)支付终端设备防移除</td><td>适用必测</td></tr>
<tr><td>PIN 输入音调</td><td>适用必测</td></tr>
<tr><td>IC 卡读写器结构</td><td>必测项</td></tr>
</table>

表25(续)

序　号	检 测 项 目		检测项目说明
14	PIN 输入设备逻辑安全检测项目	自检测试	必测项
		逻辑异常	必测项
		固件和应用软件的认证及更新	必测项
		输入 PIN 区别	适用必测
		内存清除	必测项
		敏感服务	必测项
		随机数	必测项
		PIN 防穷举	必测项
		密钥管理技术	必测项
		PIN 加密算法	必测项
		数据加解密	必测项
		明文密钥安全	必测项
		交易控制	必测项
		设备显示的逻辑安全	必测项
		应用隔离	必测项
		操作系统最小配置	必测项
		组建集成文档	必测项
		安全策略	必测项
		远程密钥发布	必测项
		密钥替换	必测项
		防穿透保护	必测项
		IC 卡读写器结构	必测项
		PIN 传输保护	必测项
		账户数据处理的安全要求	必测项
		独立安全机制	必测项
		集成条件下的账户数据保护	必测项
		密钥保护	必测项
		加密控制	必测项
		远程密钥发布	必测项
		数据源认证	必测项
		密钥唯一性	必测项
		加解密数据对象控制	必测项
		远程访问	必测项
		固件审查	必测项

表 25(续)

序　号	检 测 项 目		检测项目说明
14	PIN 输入设备 逻辑安全检测项目	应用真实性	必测项
		应用指引	必测项
		固件更新	必测项
		逻辑异常	必测项
		开放协议和服务	必测项
		明文数据保护	必测项
		主账号值替代	必测项
		密钥管理	必测项
		主账号防穷举	必测项
		环境和操作条件改变适应性	必测项
		应用隔离	必测项
		操作系统安全配置	必测项
		敏感服务保护	必测项

8　安全单元检测项目

8.1　物理特性检测项目

SE 物理特性检测项目应符合 JT/T 1059.2—2016 中第 5 章的规定。

8.2　安全芯片检测项目

为保证安全芯片具备移动支付相应的安全功能，典型安全芯片包括处理器单元、安全算法模块、I/O 接口、易失性和非易失性存储器等，整体共同构成了安全芯片安全功能基础。

安全芯片检测项目见表 26，表内所有检测项目均为必测项。

表 26　安全芯片检测项目

序　号	检 测 项 目	说　明
1	密码算法	验证安全芯片的对称密码算法、非对称密码算法应符合国密算法或国际密码算法标准
2	随机数发生器	验证安全芯片中的随机数产生器产生的随机数是否具备足够的随机性
3	异常检测机制	验证安全芯片是否具备足够的异常检测机制，且能按照安全芯片的容错机制进行相应的处理
4	存储器访问控制机制	验证对存储器进行访问时是否具备且遵循其相应的访问控制策略
5	残余信息保护机制	验证安全芯片是否采用相应的残余信息保护机制，即敏感数据在使用后如需立即删除应按照相应的删除机制立即从存储器中删除

表26(续)

序号	检测项目	说明
6	PAMID	验证安全芯片PAMID仅限一次写入,在写入后只可读取PAMID,不可修改或覆盖
7	安全芯片表面准备	验证安全芯片是否具备足够的保护能力以防止安全芯片表面覆盖层被移除
8	安全芯片背部准备	验证安全芯片是否具备足够的保护能力以防止安全芯片背部覆盖层被移除
9	安全芯片表面简要分析	验证安全芯片硬件设计是否具备相应的复杂性
10	安全芯片表面详细分析	验证安全芯片硬件设计是否具备足够的复杂性
11	传输系统的物理位置探测	验证安全芯片是否具备足够的保护能力以防止其传输系统的物理位置被探测
12	传输系统的FIB修改	验证安全芯片是否具备足够的保护能力以防止通过FIB修改传输系统
13	逻辑建立模块的干扰	验证安全芯片是否具备足够的保护能力以防止逻辑建立模块被干扰
14	逻辑建立模块的修改	验证安全芯片是否具备足够的保护能力以防止逻辑建立模块被修改
15	测试模式的重激活	验证安全芯片是否具备足够的保护能力以防止测试模式被重激活或被旁路
16	利用安全芯片的测试特性	验证安全芯片是否具备足够的保护能力以防止滥用测试特性以获取及修改相关敏感信息
17	非易失性ROM信息的泄露	验证安全芯片是否具备足够的保护能力以防止通过形象化获取非易失性ROM的内容
18	被动探测	验证安全芯片是否具备足够的保护能力以防止通过被动探测获取安全芯片中敏感信息
19	主动探测	验证安全芯片是否具备足够的保护能力以防止通过主动探测来改变安全芯片的程序流程、实现功能或敏感信息
20	非易失性ROM信息的获取	验证安全芯片是否具备足够的保护能力以防止通过主动及被动探测来获取非易失性ROM内容
21	非易失性可编程存储器的直接读取	验证安全芯片是否具备足够的保护能力以防止通过主动及被动探测直接读取EEPROM或闪存(Flash)的内容
22	非易失性可编程存储器信息的获取	验证安全芯片是否具备足够的保护能力以防止通过探测获取EEPROM或Flash的内容
23	电压对比/电子束探测	验证安全芯片是否具备足够的保护能力以防止通过形象化安全芯片表面电压以恢复存储器中敏感信息及其位置
24	供电电源操纵	验证安全芯片是否具备足够的保护能力以防止通过供电电源操纵改变安全芯片程序流程,或导致安全芯片进入一个非预期或未定义的状态
25	其他非侵入式操纵	验证安全芯片是否具备足够的保护能力以防止通过外部参数操纵改变安全芯片程序流程或导致安全芯片进入一个非预期或未定义的状态

表26(续)

序　号	检 测 项 目	说　　明
26	电磁操纵	验证安全芯片是否具备足够的保护能力以防止通过电磁操纵改变安全芯片程序流程或导致安全芯片进入一个非预期或者未定义的状态
27	光注入	验证安全芯片是否具备足够的保护能力以防止通过光注入引起安全芯片运行中的错误、改变安全芯片程序流程或导致安全芯片进入一个非预期或者未定义的状态
28	放射线注入	验证安全芯片是否具备足够的保护能力以防止通过放射线注入而导致单粒子效应对安全芯片的影响
29	形象化重现功耗中隐含的信息	验证安全芯片是否具备足够的保护能力以防止通过形象化重现功耗中隐含的信息,来获取安全芯片上运行的程序信息
30	简单功耗分析(SPA)	验证安全芯片是否具备足够的保护能力以防止通过简单功耗分析获取密钥信息
31	差分功耗分析(DPA)	验证安全芯片是否具备足够的保护能力以防止通过差分功耗分析获取密钥信息
32	电磁辐射(EMA)	验证安全芯片是否具备足够的保护能力以防止通过电磁辐射分析获取密钥信息或程序信息
33	差分错误分析(DFA)	验证安全芯片是否具备足够的保护能力以防止通过差分错误分析获取密钥信息
34	过程中断	验证安全芯片是否具备足够的保护能力以防止强制中断导致安全芯片进入非预期或未定义状态
35	传输信息分析	验证安全芯片是否具备足够的能力以防止安全芯片中的传输信息被反向工程或分析
36	随机数发生器攻击	验证安全芯片是否具备足够的保护能力以防止对真随机数发生器的攻击

8.3　非接触电气特性和通信协议检测项目

非接触电气特性和通信协议检测项目应符合 JT/T 978.7—2015 的 5.2 的规定。

8.4　系统软件功能检测项目

8.4.1　SE 多应用平台规格符合性检测

验证 SE 多应用平台功能应符合 JT/T 1059.2—2016 中第 6 章的规定。

8.4.2　TCSD 功能符合性检测

验证 TCSD 功能应符合 JT/T 1059.2—2016 中 7.3 的规定。

8.4.3　SE 多应用平台与嵌入式应用软件兼容性检测

验证 SE 多应用平台与嵌入式应用软件兼容性应符合 JT/T 1059.2—2016 中 6.7 的规定。

8.5 交通一卡通支付应用性能检测项目

8.5.1 电子现金检测

电子现金检测项目应符合 JT/T 978.7—2015 的 5.3 的规定。

8.5.2 电子钱包检测

电子钱包检测项目应符合 JT/T 978.7—2015 的 5.3 的规定。

8.6 SE 嵌入式软件安全检测项目

TOE 安全检测目的是检测 SE 产品应对安全威胁的能力以及是否符合嵌入式软件安全要求。它是实验室进行安全评估、攻击实验、安全功能验证和脆弱性分析的重要依据。对安全级别要求较高的平台类 SE 产品应进行 TOE 安全检测。

SE 嵌入式软件安全检测项目见表 27,SE 嵌入式软件安全检测项目均为必选项。

表 27 SE 嵌入式软件安全检测项目

序 号	检 测 项 目	说 明
1	应用管理	SE 嵌入式软件应能够支持一个或多个应用,且能提供和保持不同应用之间的安全性。SE 嵌入式软件的设计和执行应能够保证一个应用不会影响另一个应用的安全操作。这种分离应保证一个独立应用的信息不能在应用之外被访问和修改
2	审计	SE 嵌入式软件应提供方法来记录安全相关的事件,以便帮助管理者发现潜在的攻击和由于 SE 嵌入式软件的安全特性的错误配置使之陷入易被攻击的状态。 审计功能给 SE 嵌入式软件管理者提供一个机会回顾之前的操作信息以确定 SE 嵌入式软件是否受到一系列的攻击;这些数据提供潜在系统攻击的早期的指示以便准备适当的响应;这些记录数据可能包括芯片和操作系统的详细的历史信息
3	数据空间 暴力破解	防止未授权主体多次重复读取可被搜索的数据和文件。 SE 嵌入式软件可能会被多次重复的读命令,强力尝试获得安全信息。SE 嵌入式软件应具有防止这种攻击的机制
4	密码	SE 嵌入式软件应以一个安全的方式支持密钥功能。 应按照密钥使用规则和标准执行密钥的操作,以保持基础密钥功能的安全水准
5	数据读取格式	SE 嵌入式软件应对芯片各个模块传输的格式化数据有一致的要求。 SE 嵌入式软件应能够保证针对数据传输功能的探针攻击获取的信息不会比通过存储位置探针攻击获取的信息更多
6	数据访问控制	SE 嵌入式软件应基于个体用户和识别的用户群为它的用户依据相关应用或平台规定的规则提供属于用户或用户负责的对象和资源的访问控制和限制的方法。 SE 嵌入式软件可能有不同的用户、管理员、发卡方、机构等。每个不同的角色都需要控制一些需要用到的资源。这些描述数据归属方的规则,应和访问控制安全功能策略用到的安全功能要求"基于安全属性访问控制"一致。这个目标和安全目标"文件结构控制"的区别是分别说明"已存在文件"和"文件结构"数据访问规则

表27(续)

序　号	检 测 项 目	说　　明
7	环境压力	SE嵌入式软件在非标准的环境条件下工作时,应具有安全防护不被获取安全信息,且不在非安全的状态下运行。 SE嵌入式软件的设计和制作应保证能够一直给它的敏感信息提供安全(敏感信息包括用户资产和内部安全信息),即使是暴露在环境压力下工作。环境压力有可能在SE嵌入式软件使用的正常环境下出现,也有可能是在受到攻击的情况下出现。在攻击的情况下,环境压力可能是唯一的攻击,也可能和其他一个或多个攻击联合使用。这个安全目标应保证SE嵌入式软件在任何这些情况下都不出现安全信息的泄漏
8	防缺陷插入	SE嵌入式软件应能抵抗重复的错误数据注入。 SE嵌入式软件应能阻止通过对重复错误注入得到的响应数据的分析导致信息泄露。这个安全目标要求能够有效地检测到这样的攻击并能对这样的尝试进行计数
9	文件结构控制	SE嵌入式软件应基于个体用户和识别的用户群为它的用户依据相关应用或平台规定的规则提供属于用户或用户负责的文件的生成和修改的控制和限制的方法。 SE嵌入式软件可能有多种数据用户和归属方需要保证其资源的安全性。文件创建、修改、删除以及联合访问权限,应符合这些用户和归属方的需求,并与访问控制安全功能策略和信息流控制安全功能策略所使用的基于安全属性的访问控制和简单安全属性中描述的一致。这个安全目标主要针对文件结构而不是存储于文件中的信息。这个安全目标的内部不限于文件,也包括可能用到的其他数据容器如对象、数据库以及其他数据结构
10	防信息泄露	SE嵌入式软件应提供方法控制和限制信息的泄露,以防止有用信息通过电源、接地、重置和输入/输出(I/O)线路泄露。 SE嵌入式软件的设计和编码应保证不能通过功耗分析获得操作过程的信息和敏感数据信息
11	标识	SE嵌入式软件应支持记录和保存识别信息。 SE嵌入式软件由硬件和软件组成,软件可以保存在硬掩模和软掩模的存储器内。硬件宜有可选特性,可设置为有效或无效。对符合规范的最终产品的每一个实例建立一个ID。要求每一个SE嵌入式软件都有唯一的ID
12	初始化	SE嵌入式软件在上电、复位或者其他的重启情况下应立即呈现一个初始化状态。 SE嵌入式软件不管何时复位,都应总是从一个定义的可控状态开始。目的是为了阻止一些攻击,尝试进行扰乱的操作并使SE嵌入式软件进入一个未定义状态
13	生命周期功能	SE嵌入式软件应提供控制和限制生命周期特殊命令、专用测试及debug命令的使用方法。 SE嵌入式软件的设计和执行应保证特殊操作可用的命令只用于与应用相适应的SE生命周期中。因此,类似debug和ID注册码一次性下载这些功能在评估对象使用的生命周期中是不可用的
14	逻辑保护	SE嵌入式软件应具有抵抗逻辑操纵和修改的结构,保护自己免受逻辑侵害。 SE嵌入式软件的设计和编码应保证它可以抵抗通过逻辑操作对安全特性的攻击。当进行带有逻辑探测和命令修改时,SE嵌入式软件应能阻止安全信息的泄露。 分析命令输出数据,尤其是自定义命令,应不含敏感信息

表27(续)

序　号	检 测 项 目	说　　明
15	多应用防火墙	SE 嵌入式软件应确保不同包中的应用程序拥有的数据容器之间,以及应用程序和安全功能之间的可控共享。 SE 嵌入式软件支持一个或多个应用并能提供和保持不同应用之间的安全性。SE 嵌入式软件的设计和执行应能够保证一个应用不影响其他应用的安全操作,也应保证一个独立应用的信息不被其他应用访问和修改
16	本地代码	SE 嵌入式软件 API 或任何附加的 API 方法的调用是 SE 嵌入式软件虚拟机为本地代码的执行所提供的唯一方法
17	对象删除	SE 嵌入式软件应确保在删除对象时没有破坏对对象的引用
18	运行	SE 嵌入式软件应确保其所包含的安全功能持续、正确地运行
19	PAMID 管理	PAMID 仅限一次写入,在写入后 SE 嵌入式软件只可读取 PAMID 标识,不可修改或覆盖
20	物理防护	SE 嵌入式软件应抵抗物理攻击或增加攻击获取的数据的困难程度。 SE 嵌入式软件的设计和制作应保证需要复杂的仪器、知识、技能和时间的组合才能够通过物理攻击获取详细的设计信息、存储器的内容、其他危害到 SE 嵌入式软件安全的信息。安全目标应能阻止安全信息的泄露
21	资源	SE 嵌入式软件应控制应用资源的可用性
22	防重放攻击	SE 嵌入式软件应能够保护它的资源防止重放攻击。 SE 嵌入式软件应能保证当攻击者尝试通过重放或者重启一个操作使它成功完成或者中断的情况,资产不会受到危害
23	随机数随机性	SE 嵌入式软件产生的随机数应具有足够的随机性,以保证无法被预测
24	安全通信	SE 嵌入式软件应支持使用安全的通信协议、流程和一个可信的卡接收设备通信。 SE 嵌入式软件应提供一个机制建立和保持一个安全的信息链路到卡接收设备。完整性应一直确定
25	设置顺序	SE 嵌入式软件在使用前需要一个已定义的操作序列。 SE 嵌入式软件应在可控的已定义的行为下操作。这个目标要保证防止在所有保护措施生效和保护代码进入之前对 SE 嵌入式软件的使用
26	主体标识	在主体(应用程序或包)被准许访问任何服务之前,SE 嵌入式软件应唯一标识每一个主体
27	事务	SE 嵌入式软件应提供一种以原子方式执行一组操作的方法
28	防综合分析	SE 嵌入式软件应保证其资源和服务在被使用的过程中,不能输出或采集到可能导致安全危害的信息,即使综合使用之前的各种攻击方法也不能泄露敏感或对获取敏感信息有帮助的信息

图书在版编目(CIP)数据

交通一卡通移动支付技术规范 : JT/T 1059—2016 / 中华人民共和国交通运输部主编. — 北京 : 人民交通出版社股份有限公司, 2016.7

ISBN 978-7-114-13178-3

Ⅰ. ①交… Ⅱ. ①中… Ⅲ. ①城市交通—公共交通系统—IC 卡—技术规范—中国 Ⅳ. ①U491-65②TN43-65

中国版本图书馆 CIP 数据核字(2016)第 152787 号

标准类型: 中华人民共和国交通运输行业标准
标准名称: 交通一卡通移动支付技术规范
标准编号: JT/T 1059—2016
主编单位: 中华人民共和国交通运输部
责任编辑: 张　鑫
出版发行: 人民交通出版社股份有限公司
地　　址: (100011)北京市朝阳区安定门外外馆斜街 3 号
网　　址: http://www.ccpress.com.cn
销售电话: (010)59757973
总 经 销: 人民交通出版社股份有限公司发行部
经　　销: 各地新华书店
印　　刷: 北京市密东印刷有限公司
开　　本: 880 × 1230　1/16
印　　张: 11
字　　数: 330 千
版　　次: 2016 年 7 月　第 1 版
印　　次: 2017 年 11月　第 2 次印刷
书　　号: ISBN 978-7-114-13178-3
定　　价: 80.00 元
(有印刷、装订质量问题的图书,由本公司负责调换)